ホロリスニング

ホロライブEnglish -Myth- と学ぶ
不思議な世界の英会話！

著 塗田一帆

Cover Illust
なもり

Illust
ぱんじゃむのなめ

JN087299

一迅社

Contents

LESSON 1 Trip to another world 異世界へのトリップ

LESSON 2 Problems to solve 解決するべき問題

LESSON 3　In the Cave of the North　北の洞窟の中で

LESSON 4　What was really needed　本当に必要だったもの

MYTH

不死鳥
小鳥遊キアラ

死神
森カリオペ

アトランティスの末裔
がうる・ぐら

名探偵
ワトソン・アメリア

古き神の司祭
一伊那尔栖

「Myth」── それは、神話を意味する言葉。
ホロライブ English -Myth- は
ホロライブプロダクションによって結成された
5人組のVTuberユニットで、英語圏を中心に活躍中。
神話の世界からやってきた彼女たちは、誰もが一筋縄ではいかない個性的な存在だ。

森 カリオペ

Mori Calliope

地獄の底から
世界を揺らす
リーパーなラッパー！

グリム・リーパー（死神）の第一弟子。医療が発達している現代においては死神として活躍する場面がなく、その代わりにVTuber活動で他人のソウルを収穫するつもりらしい。ラップや音楽作りが得意で、オリジナルソングの数はホロライブEnglishでも最も多い。メジャーレーベルからデビューしていて、2023年には漫画『ONE PIECE』の公式テーマソングを担当するなど、着々とリスナーを増やしている。お酒に目がなく、晩酌配信をすることも。

××××！ 面倒なことに巻き込まれたわね……。

DATE

誕生日····4月4日
身長····167cm
イラストレーター····雪醒
ファンネーム····Dead Beats

YouTube

Design

小鳥遊 キアラ

Takanashi Kiara

熱いハートを持った
店長であり不死鳥!

歌って踊れる不死鳥。死んでも灰の中から蘇ることができる。ファストフードチェーンの店長を志して活動を開始し、3Dお披露目配信では立派な店舗がお目見えした。バーチャル空間内では夢を叶えた模様。得意の日本語を活かして通訳を買って出たり、ホロライブプロダクションのメンバーをゲストとして迎える番組「HOLOTALK」を配信している。森カリオペとのユニット「TAKAMORI」が人気で、その尊さは国境を越える。

DATE

誕生日 … 7月6日
身長 … 165cm
イラストレーター … huke
ファンネーム … KFP

YouTube

キッケリキー!
KFPのために頑張るよー!!

Design

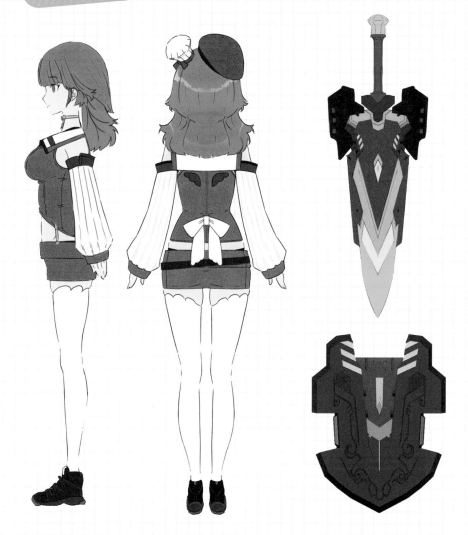

一伊那尓栖
Ninomae Ina'nis

人間離れした
触手の迫力と
圧倒的な画力！

古き神の司祭。ある日"変な本"を拾ってから背中の触手を操れるようになった。彼女にとって触手は日常生活の一部であり、特に何も思わないが、お洒落はしてあげている。イラストを描くのがプロ級に上手く、よくホロライブプロダクションのメンバーのファンアートを描いている。3DモデリングソフトやVRも使いこなし、VRChat内には彼女の個展ワールドである「A trip down tako lane」が存在し、誰でも無料で入場することができる。

まあ私は自分にできることをやるだけかな。

DATE

誕生日 ⋯ 5月20日
身長 ⋯ 157cm
イラストレーター ⋯ 黒星紅白
ファンネーム ⋯ Takodachi

 YouTube

Design

← 楕円どす

けっこう
尖ってます

がうる・ぐら

Gawr Gura

怪物級の可愛さで
世界に向けて配信中！

アトランティスの末裔。海底で暮らしていたが、あまりにも退屈だったので刺激を求めて地上にやってきた。「サメちゃん」の愛称で親しまれており、海洋生物と会話することができる。デビュー配信の最初の一声として放った「a」という名台詞によって世界中のファンたちの心を鷲掴みにしてみせた。日本のシティ・ポップが好きで、中でも山下達郎がお気に入り。ウクレレの弾き語りもできる。よく子どもに間違えられるが、9000歳を超えている。

DATE

誕生日……6月20日
身長……141cm
イラストレーター……甘城なつき
ファンネーム……chumbuds

YouTube

あ！こりゃ事務所に入って以来の大事件だ！

Design

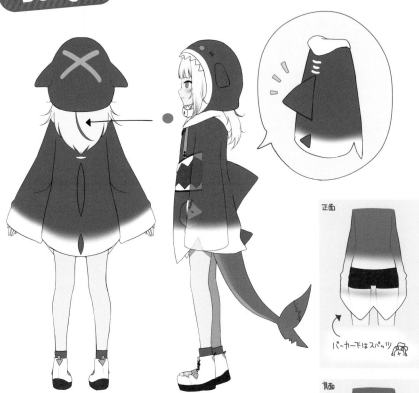

正面

パーカー下はスパッツ

背面

このへんから
生えてる！

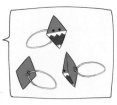

ワトソン・アメリア

Watson Amelia

やべー奴担当？ いや、今回はすげー奴担当！

ホロライブプロダクションには超人的な存在が数多く在籍していることを知って、調査に出向いたところ、彼女自身もアイドルになりたくなった。一見するとごく普通の探偵だが、デビュー後の配信にて、タイムトラベラーであることを打ち明けた。幼少期からの"やべーエピソード"には事欠かず、たびたびリスナーを驚かせている。配信ソフトを上手く使ったいわゆる"OBS芸"に定評があり、とにかく視聴者を楽しませるのが大好き。

DATE

誕生日⋯⋯1月6日

身長⋯⋯150cm

イラストレーター⋯⋯nabi

ファンネーム⋯⋯teamates

YouTube

どうやら真面目に探偵をやる時が来たみたい？

Design

← 楕円どす

けっこう
尖ってます

がうる・ぐら

Gawr Gura

怪物級の可愛さで
世界に向けて配信中！

アトランティスの末裔。海底で暮らしていたが、あまりにも退屈だったので刺激を求めて地上にやってきた。「サメちゃん」の愛称で親しまれており、海洋生物と会話することができる。デビュー配信の最初の一声として放った「a」という名台詞によって世界中のファンたちの心を鷲掴みにしてみせた。日本のシティ・ポップが好きで、中でも山下達郎がお気に入り。ウクレレの弾き語りもできる。よく子どもに間違えられるが、9000歳を超えている。

DATE

誕生日････6月20日
身長････141cm
イラストレーター････甘城なつき
ファンネーム････chumbuds

YouTube

あ！こりゃ事務所に入って以来の大事件だ！

Design

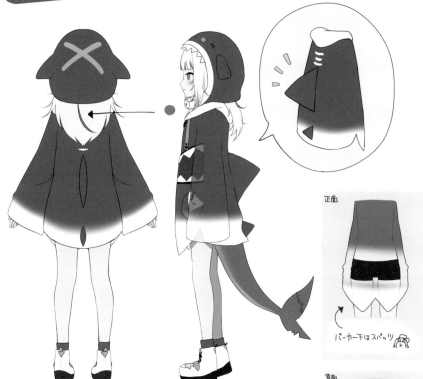

正面

パーカー下はスパッツ

背面

このへんから
生えてる!

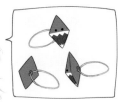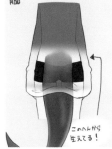

ワトソン・アメリア

Watson Amelia

やべー奴担当？ いや、今回はすげー奴担当！

ホロライブプロダクションには超人的な存在が数多く在籍していることを知って、調査に出向いたところ、彼女自身もアイドルになりたくなった。一見するとごく普通の探偵だが、デビュー後の配信にて、タイムトラベラーであることを打ち明けた。幼少期からの"やべーエピソード"には事欠かず、たびたびリスナーを驚かせている。配信ソフトを上手く使ったいわゆる"OBS芸"に定評があり、とにかく視聴者を楽しませるのが大好き。

DATE

誕生日⋯⋯ 1月6日
身長⋯⋯ 150cm
イラストレーター⋯⋯ nabi
ファンネーム⋯⋯ teamates

YouTube

どうやら真面目に探偵をやる時が来たみたい？

Design

英会話のキホン

英会話を勉強する前に、英語の基本をかんたんに確認してみましょう。

 文の要素　英語の文章は、おもに「主語」「動詞」「目的語」「補語」の
4つの要素で構成されています。

❶ 主語

行動や動作、状態の主体、描写や確認の対象で、「何が」「誰が」にあたる部分。

❷ 動詞

おもに、❶主語の動作や状態をあらわす。原則として主語の後ろにつく。

❸ 目的語

動作や行為の対象や目的にあたる部分で、原則として名詞や代名詞が使われる。

❹ 補語

❶主語または❸目的語だけでは不十分なときに、その意味を補うための言葉。

5文型を押さえる　文型とは4つの要素を組み合わせるルールのことです。
原則として文型は次の5つの型に分類されます。

第1文型

主語＋動詞

I	sing.
主語（私は）	動詞（歌う）

第2文型

主語＋動詞＋補語

I	am	a singer.
主語（私は）	be動詞（〜だ）	補語（歌手）

第3文型

主語＋動詞＋目的語

I	sing	a song.
主語（私は）	動詞（歌う）	目的語（歌を）

第4文型

主語＋動詞＋目的語1＋目的語2

She	sings	me	a birthday song.
主語（彼女は）	動詞（歌う）	目的語1（私に）	目的語2（誕生日ソングを）

第5文型

主語＋動詞＋目的語＋補語

I	found	this song	wonderful.
主語（私は）	動詞（感じた）	目的語（この歌を）	補語（素晴らしいと）

名詞

物や人の名前を表す単語。

例 apple、dog

This is an **apple**. (これは**りんご**です。)

代名詞

名詞の代わりになる単語。

例 I、You、This

This is an apple. (**これ**はりんごです。)

動詞

動作や心の状態を表す単語。

例 eat、know

I **eat** an apple. (私はりんごを**食べる**。)

助動詞

動作を補助したり、時制を表したりする単語。

例 will、can

I **will** eat an apple.
(私はりんごを食べる**だろう**。)

形容詞

名詞を修飾する単語。

例 big、cute

It's a **big** apple. (**大きな**りんごだ。)

副詞

名詞以外を修飾する単語。

例 very、later

It's a **very** big apple.
(**とても**大きなりんごだ。)

前置詞

名詞の前に置き、時制や位置を表す単語。

例 at、on

I eat an apple **at** three o'clock.
(私は3時**に**りんごを食べる。)

接続詞

単語や句、文をつなげる単語。

例 and、or

I eat apples **and** grapes.
(私はりんご**と**ぶどうを食べる。)

冠詞

名詞の前につけ、物を特定する単語。

例 a、an、the

I bought **an** apple.
(私はりんごを買った。)

間投詞

感動を表す言葉。感嘆詞ともいう。

例 Wow、Oh、Hi

Wow! A big apple!
(**わあ！** おおきなりんご！)

時制を確認 動詞が表す行動や状態がいつ起きたことなのかを表すことを時制といい、過去、現在、未来それぞれの時間軸に基本形、進行形、完了形、完了進行形があります。

▶ 時間軸 基本は過去、現在、未来の3つで表す。

過去	現在	未来
過去のある時点でのこと。（状態・動作） I played the game. （私はゲームをした。）	今を中心とした物事や出来事のこと。 I play the game. （私はゲームをする。）	未来に起こるであろうこと、する予定のこと。 I will play the game. （私はゲームをするつもり。）

過去進行形	現在進行形	未来進行形
過去のある時点で進行中または継続中のこと。 I was playing the game. （私はゲームをしていた。）	物事が進行中または継続中のこと。 I am playing the game. （私はゲームをしている。）	未来のある時点で進行中または継続中のこと。 I will be playing the game. （私はゲームをしている予定だ。）

▶ 完了形 have + 過去分詞形で過去の出来事や状態が、現在とつながりを持つことを示す。

過去完了形	現在完了形	未来完了形
過去のある時点までに完了・経験・継続していたこと。 I had played the game. （私はゲームをしていた。）	現在までに完了・経験・継続していること。 I have played the game. （私はゲームをしたことがある。）	未来のある時点までに、完了・経験・継続しているだろうこと。 I will have played the game. （私はゲームをしてしまっているだろう。）

▶ 完了進行形 have+ been + 現在分詞で、ある時点までずっと継続していることを表す。

過去完了進行形	現在完了進行形	未来完了進行形
過去のある時点にずっと継続していたこと。 I had been playing the game. （私はゲームをし続けていた。）	現在までずっと継続していること。 I have been playing the game. （私はずっとゲームをし続けている。）	未来のある時点まで、ずっと継続しているだろうこと。 I will have been playing the game. （私はずっとゲームをし続けているだろう。）

前置詞 文中の時間や場所などの要素との関係を表す単語です。
ここではとくによく使うものを紹介します。

at 場所や時間などで、ある限定された1点を示す表現。

例 at station（駅で）
at three o'clock（3時に）

by 位置としてそばにあることや、動作主や手段を示す表現。

例 by the door（ドアのそばに）
by my mother（私の母によって）

for 位置や場所、目標や対象に向かっていることを示す表現。

例 for Tokyo（東京に向かって）
for you（あなたに向けて／あなたのために）

from 場所や時間を起点にして示す表現で、理由や動機、出身や材料なども示す。

例 from Tokyo（東京から）
from milk（牛乳からできている）

in 期間や場所など、空間的な広がりの中にあることを示す表現。

例 in 2020（2020年の間に）
in the box（箱の中に）

of 大きなまとまりに所属していること、またはそこからの分離を示す表現。

例 a member of the team（チームの一員）
a cup of coffee（一杯のコーヒー）

to 時間や場所、目的に向かって進み、到達することを示す表現。

例 go to the store（店に行く）
to help（助けるため）

with 人や物、場所などを伴う同伴を示す表現。道具や所有も表す。

例 with dog（犬と一緒に）
with blonde hair（ブロンドの髪の）

本書の使い方

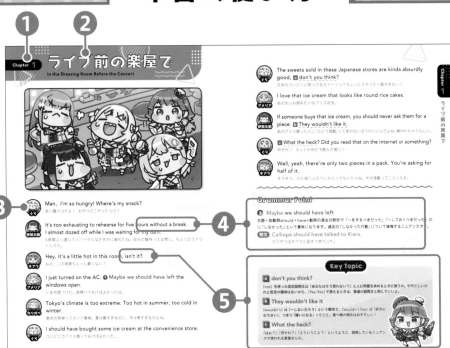

❶ Chapter
Chapterのナンバリングです。CDのトラックナンバーでもあります。

❷ Title
各Chapterのタイトルと英語訳です。

❸ Story
ホロライブEnglish -Myth-のメンバーの会話文で物語が進んでいきます。

❹ Grammar Point
本文に使われている文法や、応用がきくフレーズを解説します。

❺ Key Topic
特殊な表現や、直訳と意味が違う言葉を解説します。

❻ Vocabulary
本文で登場した英単語をピックアップして解説します。

LESSON 1

Trip to another world
異世界へのトリップ

ライブ前の楽屋で

In the Dressing Room Before the Concert

 Man, I'm so hungry! Where's my snack?

あー腹ペコだよ！ おやつどこやったっけ？

 It's too exhausting to rehearse for five hours without a break. I almost dozed off while I was waiting for my turn.

5時間ぶっ通しでリハーサルはさすがに疲れたね。自分の番待ってる間に、ちょっとウトウトしてた。

 Hey, it's a little hot in this room, isn't it?

ねえ、この部屋ちょっと暑くない？

 I just turned on the AC. ❶ Maybe we should have left the windows open.

いま冷房つけた。窓開けておけばよかったね。

 Tokyo's climate is too extreme. Too hot in summer, too cold in winter.

東京の気候ってホント極端。夏は暑すぎるのに、冬は寒すぎるのよね。

 I should have bought some ice cream at the convenience store.

コンビニでアイス買っておけばよかった。

Vocabulary ▷▷ hungry【形容詞】お腹がすいた／ snack【名詞】おやつ、軽食
exhausting【形容詞】（人）を疲れさせる／ turn on【句動詞】～をつける

The sweets sold in these Japanese stores are kinda absurdly good, **a** don't you think?

日本のコンビニに売ってるスイーツってちょっとクオリティ高すぎない？

I love that ice cream that looks like round rice cakes.

あの丸いお餅みたいなアイス好き。

If someone buys that ice cream, you should never ask them for a piece. **b** They wouldn't like it.

あのアイス買った人に「ひとつ頂戴」って言わないほうがいいんだよね。嫌われちゃうらしい。

c What the heck? Did you read that on the internet or something?

何それ？　ネットか何かで読んだ感じ？

Well, yeah, there're only two pieces in a pack. You're asking for half of it.

そうそう、ひと袋にふたつしか入ってないからね。半分頂戴ってことになる。

Grammar Point

1 Maybe **we should have left**

主語＋助動詞should＋have＋動詞の過去分詞形で「〜をするべきだった」「〜しておくべきだった」の
に「しなかった」という意味になります。過去の「しなかった行動」について後悔するニュアンスです。

例文 Calliope should have talked to Kiara.

カリオペはキアラと話すべきだった。

Key Topic

a don't you think?

「not」を使った否定疑問文は「あなたはそう思わない？」と人に同意を求めるときに使うの。ややこしいけ
れど否定の意味はないから、「Yes / No」で答えるときは、普通の疑問文と同じでいいよ。

b They wouldn't like it

「wouldn't」は「〜しないだろう」という意味で、「wouldn't like」は「好きに
ならない」、つまり「嫌いになる」ってこと。食べ物の恨みはおそろしい！

c What the heck?

「はぁ？」「何それ？」「どういうこと？」というように、困惑しているニュアン
スで使われる言葉なんだ。

climate【名詞】気候、天候／ extreme【形容詞】極端な、どうかしている
sweet【名詞】お菓子、スイーツ／ rice cake【名詞】餅

I think ❶ I'm gonna go to another room to practice. There are some parts I'm still not happy with.

私ちょっと他の部屋で練習してこようかしら。まだ何箇所か満足いってないパートがあるのよ。

[a] Shoot! I spilled my drink!

やべ！　飲み物こぼした！

❷ What time does the concert start?

ライブの開始って何時だっけ？

7 PM. So we have about an hour and a half. I think it's also important to get some rest, though.

午後7時だから、あと1時間半くらいあるかな。でも休むことも大事だと思うよ。

I know, but ❸ I'm not satisfied with my singing. This is my first performance with all of hololive English -Myth- . I want it to go perfectly.

それはそうなんだけど……まだ歌ってて納得いかないのよ。初めてのホロライブEnglish -Myth-での公演だし、完璧にしたいの。

[b] In that case, maybe we should all practice together? I mean, I thought we were slightly off in the rehearsal.

それならさ、みんなで一緒に練習しない？　なんというか……リハーサルで歌ってて、微妙にズレてるなぁって。

Actually, I thought so, too!

実はわたしもそれ思った！

We weren't harmonizing perfectly. Our rhythm and pitch were slightly off.

完璧には合ってなかったよね。リズムも音程もちょっとズレてた。

Maybe we're just tired? We are dealing with jet lag, too.

みんな単に疲れてるんじゃない？　時差ボケもあるだろうし。

[c] Oh, that reminds me! I brought something good for [d] you guys!

そうだ！　みんなにいいもの持ってきてたんだった。

What's that? You brought us gifts?

何？　差し入れ持ってきたの？

Vocabulary ▶▶ practice【動詞】練習する／ spill【動詞】こぼす、あふれる
rest【名詞】休憩、休み／ slightly【副詞】少し、ちょっと

Grammar Point

1 I'm **gonna go** to another room

「gonna」は「going to」のカジュアルな省略形で、発音も「ガナ」となります。be動詞＋going to＋動詞の原形で、「〜するつもり」「〜しようかな」という意味になります。

例文 Calliope is gonna go to the studio tomorrow with Gura.
> カリオペは明日、ぐらとスタジオに行くつもりだ。

2 **What time does** the concert start?

「〜は何時ですか？」と時間を尋ねる表現です。「the concert」が主語のため、「do」の三人称単数である「does」を使います。

例文 What time does Gura go to Amelia's house?
> ぐらがアメリアの家に行くのは何時？

3 I'm not **satisfied with**

be動詞＋satisfied with 〜は「〜に満足する」という意味です。ここでは否定の「not」が入っているので「満足していない」となります。

例文 Amelia wasn't satisfied with the problem because it was easy.
> アメリアはその問題が簡単だったので、満足しなかった。

Ina'nis was satisfied with her new costume.
> 伊那尓栖は新しい衣装に満足していた。

Key Topic

a Shoot!

本来は「撃つ」という意味の単語だけれど、ミスをしてしまったときの「しまった!」「やばい!」というニュアンスでも使われるよ。

b In that case

相手からの言葉や情報に対して「それなら〜」「それじゃあ」と対応するときに使うよ。会話でよく使う言葉だね！

c Oh, that reminds me!

忘れていたことを思い出したときに使うフレーズだよ！ んー、何か忘れている気が......あ！ そうだ！ 新しいFPSのチェックをしなきゃ！

d you guys

会話の中で、とてもよく使われるよ。「みんな」「あなたたち」みたいにふたり以上の相手に使うんだ。

actually【副詞】実は、本当は、実際は／ pitch【名詞】音程／ jet lag【名詞】時差ボケ／ gift【名詞】贈り物

 Ta-da! special drink, a blend of my own original ingredients! Just one glass of this drink will blow away your fatigue.

じゃーん！ スペシャルドリンク、オリジナル材料のブレンドだよ！ これ1杯だけで疲れなんか吹き飛ぶよ。

 Uh… What did you put in it?

えっと……あなたそれに何入れたの？

 a All kinds of stuff **❶** that are supposed to be good for your health, collected from different ages. It's one of the secret recipes passed down in the House of Watson.

色んな時代から集めたありとあらゆる健康にいいとされているもの。ワトソン家で受け継がれている秘密のレシピのひとつなの。

 I hope there's nothing illegal inside. Remember, we're in Japan.

法律的にダメなものが入ってなければいいんだけど……わかってる？ ここ日本よ？

 ❷ I'm scared.

こわい。

 It's okay! No problem! Have a glass, everyone!

大丈夫、問題ないって！ さあ皆さんグラスを拝借！

Vocabulary ▷▷ special【形容詞】特別な、特化した／ blend【名詞】混合、ブレンド
original【形容詞】最初の、独創的な／ health【名詞】健康

Hmm. **b** I must say the color is gross.
うーん、マジで色がヤバい。

 It smells weird, too. **c** I bet it's disgusting.
匂いも変だよ。これ絶対にまずいでしょ。

Chapter 1

ライブ前の楽屋で

Grammar Point

1 that are **supposed to be** good for your health,

supposed to + be ～によって「～であるはずだ」「本来は～のはずだ」とルールや法律、慣習などで決まっていること、または期待していることを表します。この文では後ろに「good for your health」と続いているので、「健康によいはず」になります。

例文 Fish are supposed to be good for your health. Can Amelia eat them?
魚は健康にいいはずだ。アメリアは食べられる？

Sharks are supposed to be able to swim. Can Gura swim?
サメは泳げるはずだ。ぐらは泳げる？

2 I'm scared.

scareは「(何かを、誰かを) 怖がらせる」という動詞です。主語 + be動詞 + 過去分詞形で受動態になるため、scaredで「～に私は怖がらされている」、つまり「私は～を怖がっている」と訳すことができます。

例文 Calliope is scared of the monster movie.
カリオペはモンスター映画が怖い。

Key Topic

a All kinds of stuff

「いろいろな種類」や「あらゆる種類のもの」という意味で、「ザックリした何か」を表すときに使うよ。例えば、「Life's gonna hand you all kinds of stuff (人生っていろいろなことがあるでしょ)」とかね！

b I must say

「まったく、本当に」という意味の言葉で、強調するために使われたりするんだ。文頭や文中、文尾のどこにでも使える便利なフレーズだね。

c I bet

「bet」は「賭ける」という単語で、そこから「～賭けることができるほど自信がある」「確信がある」「間違いない」という意味で使うよ！

recipe【名詞】レシピ／ illegal【形容詞】違法な
gross【形容詞】気持ち悪い、嫌な／ weird【形容詞】変な

Don't be fussy. You know, there's a saying...uh... it's at the tip of my tongue... . Hmm what was it?

細かいことは気にしないで。ほら、よく言うじゃん……あれ、ここまで出かかってるんだけど、うーん、なんだっけ？

Oh. Good medicine tastes bitter.

あぁ。「良薬口に苦し」ね。

That's it! Everyone got their glass? **a** Bottoms up!

そうそれ！　さあ、みんなグラスは持ったね？　乾杯！

b Cheers... .

乾杯……。

Yikes, this **c** tastes terrible!

うわぁ、まずい。

Honestly, **❶** I might need to throw up.

正直に言うと、吐きそうだわ。

Oh my, I'm seeing three Amelias.

あれ、アメリアが3人に見える。

That's nothing new. She cloned herself on **❷** that last stream, too.

それはよくあることでしょ。この間の配信でも分身してたよ。

Oh, now **❸** I'm getting sleepy.

あー、なんだか眠くなってきた。

Oh, no... Me too... .

あれれ……私も……。

Vocabulary ▶▶ fussy【形容詞】うるさい、気難しい／ tongue【名詞】舌
taste【動詞】味がする／ honestly【副詞】正直なところ、率直に言って

Grammar Point

❶ I might need to throw up.

mightは、次に続く動詞について「～かもしれない」と推量や可能性を与えます。might need to ～で「～する必要があるかもしれない」となるため、吐くことが必要かもしれない＝吐きそうという訳になります。

例文 Gura might need to go to Calliope's house.
　　　ぐらはカリオペの家に行く必要があるかもしれない。

　　　We might need to talk to Amelia.
　　　アメリアに話を聞く必要があるかもしれない。

❷ that last stream.

「last」は「最後」のほかに、「前回の」「最新の」という順番を示す意味も持っています。そのため「that last stream」は「前回の配信」と訳すことができます。

例文 Calliope and Kiara went shopping together last week.
　　　カリオペとキアラは先週、一緒に買い物に行った。

❸ I'm getting sleepy.

I'm getting + 形容詞 で「だんだん～になってきた」と、少しずつ変化している様子を表します。「I'm sleepy」は「すでに眠い」状態になっている、という違いがあります。

例文 Ina'nis is watching the cooking video. She is getting hungry.
　　　伊那尔栖は料理の動画を見ている。彼女はだんだんお腹が減ってきた。

　　　I am getting nervous before my first stream.
　　　初配信を前に緊張してきた。

Key Topic

a Bottoms up **b Cheers**

どちらも「乾杯」という意味がある言葉よ。でもBottoms upはグラスを底から持ち上げて「一気に飲もう」というニュアンスね。盛り上げるときにはこっちの言葉を使ってみて！

c tastes terrible

「まずい」は、ほかにbad、awfulと表現することもあるの。やんわりとおいしくないと伝えるときにはinteresting(変わっている)とかI don't like it.(好きじゃない)と言ったりもするけれど、アメリアのドリンクにははっきりと「まずい！」と言うわよ！

throw up【句動詞】吐く、嘔吐する／stream【名詞】流れ、連続、配信

Chapter 2

目が覚めたらそこは
When We Awoke, We Were...

yawn Huh? What is this place?

うーん……あれ？　ここって？

What's up, Amelia? Uh, what the heck? <u>a</u> <u>What's going on?</u> Guys, wake up! This is crazy!

どうしたのアメリア？　え、何これ？　どうなってるの？　ねえ、みんな起きて！　大変なことになってる！

Keep it down, Gura. It's too early for this. Wait, what time is it anyway?

静かにしてよ、ぐら。まだ早すぎるでしょ……いや待って。そもそも何時よ？

<u>b</u> No way. This is impossible. We were in the dressing room of our concert venue <u>c</u> <u>a second ago</u>! Why are we in some field now?! Also, like, it was evening! Why is it so bright out now!

嘘でしょ。こんなのありえないって。ついさっきまでライブ会場の楽屋にいたのに、なんでいまは草原にいるの!?　し、しかも、夕方だったのに、どうしてこんなに明るくなってるのよ!?

❶ Have we been kidnapped? Because we're idols?

私たち誘拐されたの？　アイドルだから？

Vocabulary ▷▷ anyway【副詞】とにかく、ところで／venue【名詞】（コンサート・会議などの）会場／second【名詞】秒

Even then, a lot of things  **d** don't make sense. Like, look. There are three suns in the sky.

それにしてもいろいろとおかしいよ。ほら見て。空に太陽が3つある。

Grammar Point

❶ **Have** we been **kidnapped?**

主語＋have／has＋過去分詞の現在完了形は、過去のある時点から現在までの状態を表し、「〜している」「〜したところ」となります。その疑問形の文章です。さらにbe＋過去分詞（この文ではkidnapped）を用いた受動形なので「〜されたのか？」と訳します。

例文 Has Gura finished the recording?

ぐらは収録を終わらせた？

Calliope has already been picked up by Kiara.

カリオペはもうキアラに迎えにきてもらった。

Key Topic

a **What's going on?**

「どうしたの？」「何が起きているの？」「何があったの？」と、今起きている状況を確認するためのフレーズだよ。going onで継続して起きている出来事を表しているんだ。ほかにも「どう？ 元気？」っていう挨拶として使われることもあるよ。

b **No way**

「嘘でしょ！」という強い否定や、「すごい！ 信じられない！」という驚きを伝えるフレーズ。「マジか!?」というときに使えるよ。

c **a second ago**

「ついさっき」「ちょっと前」という意味の言葉。数分前から数十秒前くらいの本当に短い期間の過去を指すんだよ。

d **don't make sense**

「意味がわからない！」「おかしい！」という意味だよ。理解ができないようなことに遭遇したときによく使うフレーズなの。

also【副詞】さらに、そのうえ／kidnap【名詞】誘拐【動詞】誘拐する

yawn What's gotten into all of you? Huh, I see what happened.

ふぁぁ〜。みんなどうしたの？　ああ、そういうことね。

 ❶ Taking this in stride, huh, Ina?

え、イナ、全然動じないじゃん？

Yeah, ❷ I was ready for this the moment I joined hololive.
I always knew some crazy phenomenon like this would happen someday.

まあ、ホロライブに入ったときには覚悟してたからね。いつかこういう怪奇現象が起きるだろうってずっと考えてた。

 Wait, is this all my fault?!

え、これって全部私のせい!?

 Oh, right. We had some strange drink and then we fell asleep. The memory is coming back to me.

ああ、なんか変なドリンクを飲んで眠っちゃったんだっけ。段々と思い出してきた。

 It's all your fault, Watson! Your drink made the world bug out!

完全にワトソンのせいだよ！　あのドリンクが世界をバグらせたんだ！

 Actually, our being here is probably the real bug.

実際のとこ、私たちがここにいるのってマジでバグっぽいよね。

 What happened to our concert? They might be panicking to find that we're gone.

ライブはどうなっちゃったんだろう？　いなくなった私たちのこと探して大騒ぎになってるかも。

 We should **a** get in touch... Wait, where's my phone?!

連絡入れないと……あれ、スマホがない!?

 I don't have mine, either. Are we all **b** empty-handed?

私のもない。みんな手ぶら？

 c Yikes, ❸ talk about a rough deal.

うーわ、酷い仕打ちだよまったく。

 Wait. I feel like I saw something important in a dream.

ちょっと待って、私何か重要なことを夢で見てた気がする。

happen【動詞】発生する、生じる、起こる／ phenomenon【名詞】現象
someday【副詞】いつか／ fault【名詞】間違い、欠点

Grammar Point

1 **Taking** this **in stride,**

「take 〜 in stride」で、困難なことをうまくこなしたり、トラブルに対して冷静に処理したりすることを意味します。

例文 Calliope takes the trouble in stride.

カリオペはトラブルに冷静に対処している。

2 I was **ready for** this the moment

ready for + 名詞で、「〜の準備ができている」「〜の覚悟はできている」という意味の表現です。似た表現にready toがありますが、こちらは動詞が続き、「〜する準備ができている」となります。

例文 Kiara is ready for a weekend trip to Kyoto.

キアラは京都への週末旅行の準備ができている。

Gura was ready for the challenge.

ぐらはチャレンジする覚悟を決めた。

3 **talk about** a rough deal.

talk aboutはそのままだと「〜について話す」という意味になりますが、ネイティブでは「まったくすごい〜だ」「まさに〜！」「〜とはこのことだ！」という強調の表現としても使われます。rough dealは「酷い扱い」「酷い仕打ち」のことです。

例文 Talk about luck. We can see Ina'nis here.

まったくすごい幸運だ！　ここで伊那尓栖と出会えるなんて！

Key Topic

a **get in touch**

「連絡する」という意味。「〜に連絡する」という場合は、get in touch with 〜になるの。電話でもメールでも使えるよ！

b **empty-handed**

手に何も持っていない状態、つまり「手ぶら」という意味ね。そのほかに「成果や収穫がなかった」という意味でも使われることがあるよ。

c **Yikes**

「うわぁ！」とか「ヤバい！」っていうニュアンスの言葉だよ。もっと強調したい場合にはBig yikes！を使うんだ！

bug【名詞】虫、不具合、バグ／ probably【副詞】たぶん、おそらく／ rough【形容詞】粗い、雑な

A dream? Oh yeah, I think ❶ I might have talked with my doppelganger.

夢？ ああ、確かもうひとりの自分と会話していたような。

 Me too! My doppelganger told me how to get back to our world!

私も！ もうひとりの私が元の世界に帰るための方法を教えてくれたんだった！

 a Let me see. She said, "You will now be given a trial. Solve the problem by yourself", **b** or something?

えっと……「これより試練を与える。自らの手で問題を解決してみせよ」とか言われたんだっけ？

 That's it!

それだ！

 Well, that's vague. Where even are we, anyway?

うーん、漠然としてるね。というか、一体ここはどこなんだろう？

 On another planet or something?

他の惑星か何か？

 Could it be another world? This is just like my isekai anime!

もしかしてもうひとつの世界ってやつ？ 異世界系のアニメみたいなんだよ！

 Well, we're pretty anime ourselves... Anyway, this is quite troubling.

まあ、私たち自身ほとんどアニメではあるけど……それにしても、随分と面倒なことになってるわね。

 ❷ What if we never go back... I'm so sorry....

もし帰れなかったらどうしよう……本当にごめんなさい。

 We'll be fine. **c** Whatever happens, happens.

大丈夫だよ。なるようになる。

 Hey, we might be in danger here. ❸ Why don't we move somewhere safer?

ねえ、ここにいるのって危ないかもしれないし、どこか安全な所に移動しない？

 You're right, Kiara. We might get attacked by wild animals.

キアラの言う通り。野生動物に襲われるかもしれないよ。

Vocabulary ▷▷ doppelganger【名詞】ドッペルゲンガー／ solve【動詞】解決する、解く
vague【形容詞】曖昧な、はっきりしない、漠然とした／ planet【名詞】惑星

Grammar Point

❶ I might have talked

過去完了形（may ／ might＋have ／ has＋過去分詞）にはいくつかの意味がありますが、ここでは「〜したかもしれない」という過去の推量を表します。mayはほかにも「許可」の意味で使われることもありますが、このように後ろに過去分詞が続く場合は、推量や可能性になります。

例文 Kiara and Calliope might have gone to that cafe.
> キアラとカリオペはそのカフェに行ったかもしれない。

Gura might have left her purse at the studio.
> ぐらはスタジオに財布を忘れてしまったかもしれない。

❷ What if we never go back

What if 〜で「もし〜だったらどうする？」という、将来に起こり得る可能性を意味する表現で、おもに心配事や不安に思っていることに対して使われます。neverは「決して〜ない」と可能性がまったくない場合に使い、強い打ち消しを意味します。

例文 What if Ina'nis gets sick?
> もし伊那尓栖が病気になったらどうしよう？

❸ Why don't we move somewhere safer?

Why don't we＋動詞〜？ という疑問形で「一緒に〜しませんか」「一緒に〜しましょう」という勧誘や提案の表現になります。相手だけでなく自分も含めての行動になるところがポイントです。

例文 Hey Gura. Why don't we have dinner tonight?
> ねえ、ぐら。今夜夕食を一緒にどう？

Key Topic

a Let me see

「それを見せて」という意味のほかに、「えっと」「どれどれ」というニュアンスで使われるよ！ 会話の最中に何かを考えたり、ちょっと時間が欲しいときに使ってみてね。

b or something?

文末につけて「〜か何か」と不確定なことを表すよ。確信が持てないことを質問するときには「〜か何かだっけ？」みたいなニュアンスでも使うの。

c Whatever happens, happens

起こってしまった出来事に対して「なるようになる」「なるようにしかならない」という場合の表現だよ。前向きにいこう！

---

quite【副詞】かなり、結構な ／ **danger**【名詞】危険、脅威、危機
safe【形容詞】安全な（比較級）／ **attack**【動詞】攻撃する、襲撃する

❶ We are far stronger than wild animals, though.
私たちのほうが野生動物よりもはるかに強いけどね。

 Look! There is a building over there! It seems a little far, but that road will probably take us there.
ねえ！ 向こうに建物があるよ！ ちょっと遠いけど、あっちの街道を行けば着きそう。

 Okay, let's go **a** check it out!
よし、確かめよう！

 ❷ Do you think we can communicate with the people here?
この世界の人って言葉とか通じるかな？

 Probably. That's usually how **b** isekais work.
大抵ね。異世界系作品なら普通そうだよ。

 If we can, then there's still hope. Because ❸ that means we're in a wish-fulfillment story.
だとしたら、まだ希望があるわ。それってつまりご都合主義ってことだから。

 c True that.
それは言えてる。

見極めよう！

比較級 の「-er」と「more-」

形容詞や副詞を比較級にするとき、単語の語尾に er をつける場合と、形容詞の前に more をつける場合があります。

基本的に 2 音節までの 英単語は「er」	3 音節以上なら 「more」
tall ⇨ taller	difficult ⇨ more difficult
small ⇨ smaller	important ⇨ more important
strong ⇨ stronger	beautiful ⇨ more beautiful

Vocabulary ▷▷ far【形容詞】遠い／though【副詞】しかしながら、けれども
probably【副詞】たぶん、おそらく／seem【動詞】〜に見える

Grammar Point

❶ We **are** far **stronger than** wild animals,

形容詞や副詞の後ろに-erをつけて比較級の形にすることで、A + be + 比較級 + than + Bで「AはBより〜だ」と比較する表現になります。far + 比較級では「はるかに〜」「ずっと〜」と比較の差が大きいことを強調します。

例文 Calliope is taller than Gura.

カリオペはぐらよりも背が高い。

Kiara can speak far more difficult Japanese words than Amelia

キアラはアメリアよりずっと難しい日本語を話すことができる。

❷ **Do you think** we can communicate with the people here?

Do you think 〜？で「あなたは〜だと思いますか？」「あなたは〜だと考えますか？」という定番のフレーズで、「はい」「いいえ」で答えられる質問に対して使います。comunicate with 〜は「〜とコミュニケーションをする」という意味で、ここでは「言葉が通じる」という訳になります。

例文 Do you think Gura will be late today?

ぐらは今日、遅刻すると思う？

❸ **that means** we're in a wish-fulfillment story.

「that means 〜」で「ということは〜だ」「すなわち〜だということだ」という意味になります。ここでは「私たちは願いが叶う物語の中にいる」、つまり「ご都合主義ということだ」ということです。

例文 That means Amelia is a great detective.

つまり、アメリアは名探偵なのだ。

Key Topic

a **check it out**

「確認しよう」「チェックしよう」というときに使うよ。自分の目で確かめるというニュアンスだね。

b **isekais work**

「isekai」は、日本のフィクションのジャンルのひとつ……つまり「異世界」が英語として使われているよ。さすが、クールジャパンだね！

c **True that**

「その通り」「確かに」「言えてる」といったニュアンスの言葉なんだ。もっとくだけたふうに言うと「それな」って感じで使えるよ。

usually【副詞】普通は、いつもは／ work【名詞】作品
mean【動詞】意味する／ wish-fulfillment【名詞】願望が満たされること

Chapter 3

不思議な世界

A Mysterious World

Yeah, this world is crazy.

ああ、この世界狂ってるわよ。

Yeah, the real world doesn't have mushrooms the size of skyscrapers.

そうね、元の世界には高層ビルみたいな大きさのキノコなんてなかったし。

And four-winged birds flying in the sky.

そして空には翼が4つある鳥が飛んでる。

But it feels like we've come on a trip. I'm enjoying it. A rare experience, don't you think?

でもなんか旅行に来たみたいで楽しい。貴重な経験じゃない？

Yeah! It's ❶ important to think positively in times like this. And in our case, anything we encounter will be a good topic to talk about in our streams.

そうそう！　こういうときこそポジティブシンキングって大事。それに私たちの場合、出くわしたものは何でも配信で話すいいネタになるし。

a Well, yeah, people love to hear about trip memories.

そうだね、みんな旅行の思い出とか聞くのって好きだから。

Vocabulary ▷▷  skyscraper【名詞】高層ビル／ rare【形容詞】貴重な、珍しい
experience【名詞】経験、体験、経験して得たもの

I love hearing hololive production's members reminisce about that stuff!

ホロライブプロダクションのメンバーのそういう思い出話聞くの大好き。

Good for you. You can understand Japanese and watch those streams in real time. I wanna get to know the members in Japan better, so I'm gonna study harder.

いいね、日本語がわかってそういう配信をリアルタイムで見られるなんて。日本のメンバーのこともっと知りたいから勉強頑張ろう。

Same.

同じく。

Hey, let's take a group selfie while we're here! **b** Whoops, no one has a phone. **c** That sucks.

そうだ、せっかくだからみんなで自撮りでもしようよ！ おっと、誰もスマホ持ってないんだった。残念。

Grammar Point

1 **important to** think positively

important + to + 動詞は「〜することが重要だ」という表現です。間違いやすい important for 〜はforのあとには代名詞や名詞がきて「〜にとって重要だ」と意味が少し異なります。

例文 For them, it's important to succeed at the concert.

彼女たちにとっては、ライブが成功することが重要だ。

Key Topic

a Well

「いい」「上手に」という単語のwellは、文頭に単独で使われると意味が変わるの。「では〜」「え〜と」と会話を始めるときの前置きとして使われるよ。

b Whoops

何かミスやうっかりがあったときに、「あっ」とか「おっと！」とか声に出してしまうニュアンスの言葉だよ。

c That sucks

「残念」「最悪」「ひどい」と気落ちしているときの表現だね。何か災難なニュースを聞いて「それはひどいね」って同情するときにも使えるよ。

positively【副詞】積極的に、ポジティブに／ encounter【動詞】偶然に出会う、遭遇する
topic【名詞】話題、題目、主題／ reminisce【動詞】思い出話をする／ selfie【名詞】自撮り

My pocket watch is gone, too. We can't even tell the time.

私の懐中時計もないんだよね。時間すらわからない。

It's so annoying ❶ not to have a smartphone handy. I don't know how I could live without it in the old days.

スマホが手元にないとすごくイライラする。昔はあれナシでどう生きてたかわからないわ。

It's not too bad just walking like this, free of modern technology for a change.

こうやって現代テクノロジーを持たずに歩くだけっていうのも気分転換になって悪くないよ。

No technology? Then, I want to ride a horse like in the old days.

文明の利器ナシかぁ……どうせなら、昔の時代みたいに馬にでも乗りたいな。

🇦 Not a bad idea. We'll catch a horse if we find one.

悪くないアイデアだね。もし馬を見つけたら捕まえよう。

Wild horses aren't for riding! ❷ We don't even know if horses exist in this world.

野生の馬なんて乗れないでしょ。そもそも、この世界に馬がいるか知るよしもないし。

Then, ❸ how about a Pegasus? Yes, I really want to ride a Pegasus!

じゃあ、ペガサスなら？　うん、マジでペガサス乗りたい！

That's ❹ even more unlikely. But wait, maybe it's possible in this world?

それはさらにありえないでしょ。いや待って、この世界ならありえちゃうかも？

🇧 Anything goes here, after all.

もう何が起こってもおかしくないからね。

🇨 Look, we're almost there.

ねえほら、もうそろそろ着くよ。

Hmm, this is more like a village than a town. I like this atmosphere.

ふむふむ、町というよりは村っぽいかな。こういう雰囲気好き。

It's not like any village on Earth, but it's making me feel nostalgic.

地球のどの村にも似てないけど、懐かしい感じがする。

Vocabulary ▶▶ pocket watch【名詞】懐中時計／annoying【形容詞】イライラさせる、迷惑な technology【名詞】科学技術／then【副詞】それなら、その場合には

Grammar Point

① **not to have** a smartphone handy

not + to + 動詞というto不定詞の否定形で、「〜しないこと」と動詞を否定します。ここではhave a smartphone handyにかかるため、「スマホを持っていない」という意味になります。

例文 Calliope told Amelia not to go anywhere without a smartphone.
カリオペはアメリアにスマホなしでどこにも行かないように言った。

② We don't **even** know

動詞の前のevenをつけることで、動詞を強調します。ここではWe don't knowにevenをつけているので、「知ることすらない」「知るよしもない」ということになります。

例文 Kiara doesn't even think about horror games.
キアラはホラーゲームのことを考えることすらしたくない。

③ **how about** a Pegasus?

How about +名詞で「〜はどうですか？」と意向を尋ねたり、あるいは「〜をしませんか？」と、相手に提案するときに使います。

例文 How about a collab stream with Calliope?
カリオペとのコラボ配信はどう？

④ **even more** unlikely.

even moreは「よりいっそう」「さらにいっそう」と強調を表す言葉です。unlikelyは「ありえない」「しそうにない」という意味の言葉なので「それはさらにありえない」となります。

例文 The members of hololive English -Myth- hope to delight listeners even more with their live performances.
ホロライブEnglish -Myth-のメンバーはライブ・パフォーマンスでリスナーをさらに喜ばせたいと思っている。

Key Topic

a Not a bad idea

「悪い考えではない」という意味の言葉だね。good ideaとまでは言えないけれど、決して悪くはないよ、的なポジティブなニュアンスで捉えてOK。

b Anything goes

「なんでもあり！」ってことだね。どんな選択肢を選んだり、現象が起きたりしてもOKな場合に使ってみよう。

c Look

普通なら「見て」という意味だけど、「ねえ」とか「ほら」「ちょっと」みたいに相手の気を引きたいときにも使うよ。

exist【動詞】存在する／pegasus【名詞】ペガサス
atmosphere【名詞】雰囲気、ムード／nostalgic【形容詞】ノスタルジックな、懐かしい

Hope they welcome us.

歓迎してもらえるといいけど。

a Here we are!

到着〜！

I love the design of this gate. The stone carving is so cool.

この門のデザインいいね。石の彫刻がめっちゃクールだ。

You're cool too, Ina. You have a good eye for art.

イナもクールよ。アートへの着眼点が素敵。

Hey, look at the sign! ❶ It says "WELCOME"!

ねえ、あの看板見て！ 「ようこそ」だって！

Wow, it's in English! ❷ I'm glad it's not in some unknown language, though.

おお、英語なんだね！ 未知の言語じゃなくて安心したよ。

❸ I wonder if a map of this village is posted somewhere. We have to find a place to stay first.

どこかにこの村の地図って貼ってないかな。まずは泊まれるところを探さないと。

But **b** none of us have money.
I hope we can find some **c** kind of day job.

でも私たち誰もお金持ってないんだよね。日雇いの仕事でもあればいいんだけど。

How about singing on the streets?

路上ライブでもやる？

Just don't make us camp outdoors tonight.

野宿だけは勘弁してほしいわ。

Hey guys, there is a bulletin board at that square! There might be a map of this village.

ねえ、あっちの広場に掲示板があるよ。この村の地図が載ってるかも。

Let's go check it out!

見にいこう！

Vocabulary ▶▶ design【名詞】デザイン、設計／ carving【名詞】彫刻、彫り物
cool【形容詞】かっこいい／ unknown【形容詞】不明の、未知の、知られていない

Grammar Point

❶ It says "WELCOME"!

直訳すると「それ（看板）が〜と言っている」という表現です。これは無生物主語といい、人や生き物ではないものが主語になる構文です。この場合は「それ（看板）に〜と書いてある」というニュアンスになります。

例文 The letter from Gura said thank you.

ぐらからの手紙にはありがとうと書かれていた。

The heavy rain prevented Amelia from going on a picnic.

アメリアは大雨のせいでピクニックに行けなかった。

❷ I'm glad it's not in some unknown language,

gladには「嬉しい」のほかに「安心する」「ホッとする」という意味があります。そのためI'm glad 〜で「私は〜で安心する」となります。

例文 I'm glad Kiara's cold is gone.

キアラの風邪が治って安心した。

❸ I wonder if

wonderは形容詞であるwonderfulの動詞です。動詞として使うときは「〜はどうかなと思う」「〜かなと感じる」のように何かの物事について思いをめぐらせるときに使います。ifが続くので「もし〜なら」と仮定について考えるときに用います。

例文 I wonder if Amelia can solve this problem.

アメリアならこの問題を解くことができるかな。

I wonder if Ina'nis could paint a better picture.

伊那尓栖ならもっと上手に絵を描くのかな。

Key Topic

a Here we are

「さぁ、着いた」と目的地に到着したときに言うよ！ さあ、村には着いたけれど、私たち一体どうなっちゃうのかしら！

b none of us have money

none of 〜で、「何〜もない」「誰も〜ない」とゼロの状態を表すわ。スマホも時計もないしお金もない……いったいどうすればいいの？

c kind of

「ちょっと」「なんか」といったニュアンスを言いたいときの言葉よ。はっきりしないような、曖昧なものを言うときに使うわ！

language【名詞】言語／ post【動詞】掲示する、公示する／
stay【動詞】滞在する、泊まる、留まる／ bulletin board【名詞】掲示板

43

Chapter 4

状況を整理しよう

Let's Analyze the Situation

Wow, what a nice room! It's so spacious, and the view is awesome!
If we stayed here as regular guests, it would probably cost a lot.

わお、いい部屋だね！ 広いし眺めも綺麗。普通に宿泊したら結構な金額しそう。

I'm so surprised we can stay here for free. **a** Meals included!

無料で泊まれるなんてびっくりだね。食事つきだし！

I'm really confused. What on earth is happening now?!
The person in reception **❶** seemed to recognize us.

すごい混乱してるんだけど、一体ここで何が起こっているの!?　受付の人が私たちのこと知ってるみたいだったけど。

b What's more, they reacted as if we were divine beings of some sort.

しかも、まるで何かしらの神様が現れたかのような反応だったね。

In this world, we might be actually be mythological beings.
They didn't seem to be usual fans of us, I suppose.

この世界では私たちってリアルに神話的な存在なのかも。普通のファンですっていう感じでもなかったと思うし。

Vocabulary ▶▶ view【名詞】眺め、景色、風景／awesome【形容詞】すごい、素晴らしい
free【名詞】無料／surprise【動詞】驚かせる、びっくりさせる

You're probably right, Kiara.
We must be the deities from myth from their perspective.

キアラが正解かも。あの人たちから見たら、わたしたちは神話の神々に違いないね。

 Pretty convenient, ❷ if you ask me.

それって随分と都合がいいわね。

 c Never mind that. Check out these beds! They're so soft and comfy!

そんなこと気にしないで。ねえこのベッドすっごいふかふかでいい感じだよ！

Grammar Point

❶ seemed to recognize us.

seem + to + 動詞は「～しているように見える」「～していると思われる」という表現です。ここでは過去形なので「私たちを認識している（知っている）ようだった」という意味になります。

例文 Ina'nis seems to know the secret.

伊那尔栖はその秘密を知っているようだ。

❷ if you ask me.

「私に言わせれば～」「私の意見では～」というように、相手と違う意見を述べるときに使います。Pretty convenient, if you ask meを直訳すると「私に言わせればかなり便利」という意味になり、「都合がいい」ことを表しています。

例文 If you ask me, that movie was the funniest thing I've ever seen.

私に言わせれば、その映画は今まで観た中で一番笑えるやつだった。

Key Topic

a Meals included

mealsは食事全般を指して、この2語で「食事込み」という意味になるよ。ホテルの宿泊プランでよく見かけるよね。例えば「1泊2食付」は「1 Night / 2 Meals included」とかね。

b What's more

what is moreを略した表現で、「その上」「さらに」という意味を持つ言葉だね。もっと言いたいことを改めて付け足したいときに使うよ。

c Never mind

「気にしないで」「心配しないで」と伝えたいときに使うフレーズだよ。相手が心配していたり、落ち込んだりしているときに使ってみてね。

confuse【動詞】混乱させる、困惑させる／reception【名詞】受付／recognize【動詞】認識する
mythological【形容詞】神話の、神話的な／deity【名詞】神／perspective【名詞】視点、観点

I hope ❶ we won't need to use them. **a** I mean, we want to go back to our own world by tonight, don't we?

それを使う必要がなければいいんだけどね。つまり、夜までには元の世界に帰りたいでしょ？

b Don't tell me there's no internet in this room…?

ねえまさかだけど、この部屋ってネット環境ない……？

We don't even have electricity. We're literally in the middle of nowhere!

それどころか電気すらないよ。まさに何もないド真ん中って感じ！

What?! How will we stream?

え!?　どうやって配信するのさ？

Obviously, there's ❷ no way of contacting our original world.

当然だけど、元の世界との連絡手段もないわね。

If the internet were taken away from VTubers, what would they be called?

もしVTuberからインターネットを取り上げたら、何て呼ばれると思う？

Virtual bums.

バーチャル無職。

Maybe the hotel owner is expecting something from us in return. Why else would he let us stay for free?

きっとこの宿のオーナーは私たちに何かリターンを期待してるんだよ。そうじゃないと無料では泊めてくれないでしょ。

But what should we do?

でも何をしたらいいの？

That reminds me. Remember the bulletin board we saw at the square? There were job requests posted all over it.

そういえば、さっき広場で掲示板見たでしょ？　あれにダダーッと仕事依頼が貼ってあったよ。

Are those the problems ❸ we should be solving?

それらが私たちが解決するべき問題ってこと？

Maybe. **c** I'm not sure, though.

かもしれない。確証は持てないけどね。

Vocabulary  electricity【名詞】電気、電力／literally【副詞】文字通りに、本当に
obviously【副詞】明らかに

Grammar Point

❶ we **won't need** to use them.

won'tは、will notの短縮形で、未来に起こることについて「〜しないだろう」と否定するときに使います。ここでは、hope（願う）があるため「ここでベッドを使ことにならないといいな」と訳します。

例文 Ina'nis won't go to the party.

伊那尔栖はそのパーティーに行かないだろう。

❷ no way of contacting

way of ＋名詞または動名詞で「〜をする手段」「〜する方法」という意味の表現になります。ここでは否定のnoがついているため、「連絡する手段がない」という意味になります。

例文 There's no way of getting the limited edition "hololive English -Myth-" merchandise from two years ago.

2年前の「ホロライブ English -Myth-」の限定版商品を手に入れる方法はない。

❸ we **should be** solving?

この文ではshouldの後に動詞がきているので、「〜すべき」「〜しなくてはならない」となります。ここではproblemにかかるため、「私たちが解決するべき問題」となります。

例文 Calliope should be cool.

カリオペはクールであるべきだ。

Key Topic

a I mean

「つまり〜」「私が言いたいのは〜」という意味の表現だよ。文頭につけて使うことで、その後の文を強調するんだ。つまり、とっとと帰りたい！ってことだね。

b Don't tell me

直訳すると「言わないで」という意味だけど、そこから変化して「まさか、〜じゃないよね？」というニュアンスで使うよ。

c I'm not sure

相手に何かを聞かれたときに、「確信が持てない」「よくわからない」と答えるときのフレーズ。「I don't know」より少しやわらかい言い方だね。

expect【動詞】期待する、予測する／ return【名詞】報酬、利益、見返り
maybe【副詞】たぶん、おそらく

By the way, ❶ is anybody hungry? I'm starving!

ところでさ、みんなお腹減ってない？　私ぺこぺこなんだけど。

Here's a menu!

メニューあるよ！

❷ Let me have a look. Wow, they serve <u>a</u> <u>all sorts of food</u>.

どれどれ……わあ、品数豊富だね。

Oh, the currency here is US dollars.

え、ここの通貨ってUSドルなの？

They serve both western and Japanese cuisine that we're familiar with, but ❸ I'd rather try something unique to this world.

洋食も和食も見慣れたものがあるけど、どうせならこの世界だけのものを食べてみたいかな。

So, how about this one? "Another world lunch set."

じゃあ、これはどう？　「異世界ランチセット」。

Uh, <u>b</u> <u>that makes no sense!</u>
For the people here, this world isn't another world!

いやおかしいでしょ！　ここの人たちにとってこの世界は"異世界"じゃないじゃん！

Calli, you're being too fussy.

カリ、細かいこと気にしすぎだよ。

Everything in this world is too convenient for us.
They speak English, the currency is US dollars, and they let us stay here for free. ❹ Could everything be a dream?

この世界にあるものみんな、私たちに都合がよすぎるよね。みんな英語をしゃべるし、通貨はUSドルだし、しかもここに無料で泊めてくれるし。もしかして全部夢だったりする？

Hmm. That could be it.
We fell asleep in our dressing room, then woke up in this world.

うーん、それはありえるかも。楽屋で眠っちゃったのに、この世界で目覚めたわけだし。

You're saying we're all in the same dream because of my drink......yes, <u>c</u> <u>there's a good chance we are.</u>

私のドリンクのせいでみんな同じ夢を見てるってことか。……うん、その可能性は十分にあるね。

starving【形容詞】腹ペコ、ひもじい／ currency【名詞】通貨、貨幣
cuisine【名詞】料理

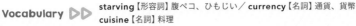

Grammar Point

❶ is anybody hungry?

複数人に何かを尋ねるときにはis anybodyを使います。is anyoneも同様の意味ですが、anybodyの
ほうが、より口語的です。

例文 Is anybody cold in this room?

この部屋で誰か寒い人はいますか？

❷ Let me have a look.

let me 〜は「私に〜させてください」という表現です。Let me have a lookは、「私にもひと目見せて」
というニュアンスで、相手が見ているものを自分にも見せてほしいときに使われます。

例文 Ina'nis, let me have a look at your drawing.

伊那尔栖、あなたの描いた絵を見せて。

❸ I'd rather try something unique to this world.

I'dはI wouldの短縮形で、口語ではこちらがよく使われます。I would rather + 動詞で、「どちらかと
いえば〜したい」「〜するほうがいい」という意味になります。

例文 Amelia would rather drink iced tea than soda.

アメリアはソーダよりもアイスティーが飲みたい。

❹ Could everything be a dream?

「could」は「can」の過去形ですが、ここでは「〜かもしれない」「〜できるかもしれない」という現在、
または未来の推量として使われています。そのため「みんな夢を見ているのかもしれない」と訳します。

例文 Ina'nis could come to the Takoyaki party tonight.

伊那尔栖は今夜のたこ焼きパーティーに来てくれるかもしれない。

Key Topic

a **all sorts of**

「あらゆる種類のもの」「ありとあらゆるもの」という意味の言葉だね。メ
ニューにいろいろな料理があると、どれにしようか悩んじゃうなぁ。

b **that makes no sense**

31ページで解説したdon't make senseと同様に「まったく理解ができない」
「それはおかしい」と言うときに使うフレーズだよ。

c **there's a good chance**

「いいチャンス」という意味ではなくて、「可能性が高い」という意味なの。「〜
ということになりそうだ」「〜する可能性が高い」ということを表すよ。

serve【動詞】給仕する、料理を出す／ western【形容詞】西の、西洋の／ familiar【形容詞】ありふれた、よく知られた
unique【形容詞】唯一の、特有の

カリオペ If so, maybe we need to go problem-solving in order to wake up.
だとしたら、目覚めるためには問題解決をしていけばいいのかも。

伊那尓栖 By the way, ❶ have you decided what to have?
ところでみんな注文決まった？

ぐら ❷ I'll have the "Another world lunch set".
「異世界ランチセット」で。

キアラ I'll have a pork cutlet set.
トンカツ定食で。

アメリア Glass noodle soup.
春雨スープ。

カリオペ Miso ramen.
味噌ラーメン。

伊那尓栖 All right. I'll go and **a** place our order.
わかった。じゃあ注文してくるね。

ぐら What are you going to have, Ina?
イナは何にしたの？

伊那尓栖 I'll have some Takoyaki, or octopus balls. Just so you know, it's not cannibalism. I'm human!
私はたこ焼きかな。一応言っておくけど共食いじゃないからね。私人間だからね。

ぐら Yeah, yeah, **b** we know.
はいはいわかってるよ。

アメリア ❸ I can't wait to see what's coming!
どんなのが出てくるか楽しみ。

キアラ After we eat, let's go back to the square and check the bulletin board. We should try everything we can to get back to our world. All our fans are waiting for us!
食べ終わったら広場に戻って掲示板を見てみよう。元の世界に戻れる可能性があるなら何でもやってみなくちゃ。ファンのみんなが私たちのこと待ってるんだからね。

Grammar Point

❶ have you **decided what to** have?

Have you decided + what + to + 動詞で「〜するのをもう決めましたか？」という意味になります。ここでは、what to have? で「何にするか」と、料理の注文について尋ねています。

例文 Has Kiara decided what to choose for the present?

　　　キアラはプレゼントを何にするか決めたのだろうか？

　　　Has Amelia decided what game to play?

　　　アメリアは何のゲームをするか決めた？

❷ **I'll have** the "Another world lunch set".

I'llはI willの短縮形で、I'll haveは直訳すると「私は手に入れるつもり」という意味になりますが、レストランなどで注文するときに「〜にします」とオーダーする定型的なフレーズです。

例文 I'll have the hamburger. It's Amelia's recommendation.

　　　私はハンバーガーにするわ。アメリアのおすすめなの。

❸ I **can't wait** to see

can't wait は「待ちきれない」「待ち遠しい」という意味で、何かを「楽しみにしている」ときに使います。waitの後ろにはfor + 名詞、またはto + 動詞が続きます。

例文 Gura can't wait to go to the concert.

　　　ぐらはコンサートに行くことが待ちきれない。

　　　Kiara can't wait to meet Calliope.

　　　キアラはカリオペに会えるのが待ち遠しい。

Key Topic

a place our order

「注文をする」「申し込む」というときに使うフレーズだよ。place our order for 〜で「〜を注文する」という意味になるんだ。

b we know

we know. やI know. のようにknowのあとに文が続かずにピリオドで終わるときは、「（わざわざ言わなくても）わかってるよ」「知ってるよ」というニュアンスになるよ。

noodle【名詞】麺／ octopus【名詞】タコ／ cannibalism【名詞】共食い／ human【名詞】人間

穴埋めトレーニング ①

Lesson 1 で勉強した文法を使って、文の穴埋め問題を解こう。
日本文の意味になるように、（　　　）の中に適する語を入れよう。

→ 回答は153ページ

1 彼女は少なくとも「ありがとう」と言う**べきだった**。
She (　　　　　) (　　　　　　　) at least said thank you.

2 私は明日、友達と映画を見に行く**つもりです**。
I am (　　　　　) (　　　　　) see a movie
with my friends tomorrow.

3 このバスは、**何時**に出発するの？
(　　　　　) (　　　　　　) does the bus leave?

4 この店のランチに**満足している**。
I am (　　　　　　) with lunch at this restaurant.

5 コーヒーは**本来苦いものであるはずだ**。
Coffee is (　　　　　　) to be bitter.

6 彼女は、暗闇の中にひとりでいるのが**怖かった**。
She was (　　　　　　) to be alone in the dark.

7 私は病院に行く必要があるかもしれない。

I (   ) need to go to hospital.

8 だんだんと頭が痛くなってきた。

I'm (   ) a headache.

9 次のコンサートについて話すにはまだ早すぎる。

It's (   ) early to talk about next concert.

10 彼女はこのことを冷静に受け止められると思う？

Do you think she can take this (   ) (   ) ?

11 私は戦う覚悟ができている。

I am (   ) (   ) the fight.

12 もし彼女が迷子になったらどうしよう？

(   ) (   ) she gets lost?

13 看板には「現金のみ」と書かれている。

The sign (   ) "Cash only."

＼ おさらい英単語 ／
食事・食べ物 に関わる言葉

hungry
(発音)hʌ́ŋgri
【形】①空腹な、ひもじい　②渇望する、貪欲な
　　③不毛の、乏しい

starve
(発音) stάːrv
【動】①餓死する　②飢える。ひもじい
　　③切望する

snack
(発音) snǽk
【動】軽食をとる
【名】①軽食、おやつ　②ひと口、少量

menu
(発音) ménju
【名】①（飲食店の）メニュー、献立表
　　②料理、食事

sweet
(発音) swíːt
【形】①甘い、甘口の　②美しい、気持ちがよい
　　④優しい、親切な
【名】お菓子、スイーツ、甘いもの
　　②愉悦、喜び　③恋人

serve
(発音) sə́ːrv
【動】①仕える、奉公する
　　②給仕する、食卓に料理を出す
　　③役に立つ

rice cakes
(発音) ráis kéiks
【名】餅、米菓子

noodle
(発音) núːdl
【名】麺、ヌードル

recipe
(発音) résəpi
【名】①調理法、レシピ　②秘訣、秘伝
　　③薬の処方箋

octopus
(発音) άktəpəs
【名】タコ、タコの身

taste
(発音) téist
【動】①味がする、味がわかる　②食べる、飲む
　　③味わう
【名】①味覚　②味、風味

pork cutlet
(発音) pɔ́ːrk kʌ́tlət
【名】豚のカツレツ、トンカツ

LESSON 2

Problems to solve
解決するべき問題

Chapter 5 どんな問題があるだろう
What Kind of Problems Are There?

 I see three requests that we can handle. Are they the "problems" we're supposed to solve?

私たちにこなせそうな依頼は3枚貼ってあるね。これらが解決することになってる「問題」なのかな。

 You mean "trials"?

「試練」じゃなくて？

 I'd say being thrown into this world, in itself, is the trial.

この世界に放り込まれること自体が試練なんだと思う。

 The wording isn't important **a** right now.

どう言うかってことは重要じゃないよ、今のところ。

 Guys, ❶ which one do you think we should tackle first?

みんな、最初はどれに手をつけるべきだと思う？

 Let's all point at the same time!

一斉に指さそうか。

56 **Vocabulary** ▶▶ handle【動詞】対応する、指揮をする／ suppose【動詞】仮定する、想定する
trial【名詞】試練／ wording【名詞】言い回し、表現

OK! One, two, three!

OK！1・2・3！

 I knew it.

やっぱりね。

 It had to be that one.

そうであるべきでしょ。

 b Nobody could ignore this. "**c** Looking for a lost cat"!

「迷子の猫を探しています」なんて、放っておけるわけないじゃん！

 Poor cat. She's got a giraffe pattern. She's probably starving and meowing for food right now.

キリンの模様の、可哀想な猫ちゃん。きっとまさにいまお腹を空かせて鳴いているよ。

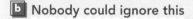

Grammar Point

1 **which one** do you think we should tackle first?

which oneは「複数のうちのひとつ」のこと。ふたつ以上ある物事のうち、どれかひとつだけを尋ねるときに使うフレーズです。

例文 Which one do you want, Kiara?

キアラ、どれが欲しい？

Key Topic

a right now

「たった今」「今まさに」という意味の言葉よ。「now」だけよりも、今この瞬間であることを強調しているわ。

b Nobody could ignore this

Nobody+couldで「誰も〜できない」「何者も〜できない」という表現になるわ。ここでは「誰も猫探しを無視することはできない」という意味になるの。

c Looking for

look for 〜 は「〜を探す」という意味。今まさに探しているので現在進行形の〜 ingを使っているわ。I am looking for Guraで「ぐらを探してる」となるように、forの後ろには探している対象が入るわ。

tackle【動詞】（仕事や問題に）取り組む／ignore【動詞】無視する、聞き流す
lost【形容詞】いなくなった、迷子の／starving【形容詞】飢えている

But if ❶ she hadn't left the village, she would have been found. It's not that big of a village.

でも、もし村を離れてないなら、もう見つかってそうなものだけどね。大きな村ってわけじゃないし。

She went missing a week ago, so she probably wandered out of the village.

1週間前に失踪ってことは、村の外に出ちゃったのかも。

In that case, we should search for her while we deal with the other requests.

だとしたら、ほかの依頼を受けつつ探すのがいいんじゃないかな。

You mean we should tackle them at the same time? Not a bad idea.

同時進行するべきってこと？ 悪くないアイデアだね。

Let me see. The second request is:"Driving away the goblins in the forest". The third one is:"Exploring the Cave of the North".

えーと、2番目の依頼は「森にいるゴブリンを追い払ってほしい」と。3番目は「北の洞窟の探索」ね。

a Talk about RPG. A good chance to ❷ make use of our knowledge and experience from gaming!

完全にRPGじゃん。ゲームでの経験と知恵を活用するいい機会だよ。

Can we just kill all the goblins?

ゴブリンは全員殺しちゃっていいのかしら。

Uh, ❸ I don't think that would make us look very good.

うーん、それは私たちのイメージを損なっちゃうと思うな。

b A peaceful solution would be ideal.

平和的な解決が理想的でしょうね。

I know I know. **c** I was joking.

わかったわかった。冗談だって。

missing【形容詞】失踪している／ deal with ～【句動詞】～に対応する、～と取引をする
drive away【句動詞】追い払う／ explore【動詞】探索する

Grammar Point

❶ **she** hadn't left the village, **she** would have been found.

この文のsheは「猫」のことを指しています。基本的にheやsheは人に対して使用され、人間以外の物にはitが単数の代名詞として使われます。ただし、ペットなどの愛着がある動物についてはheやsheを使います。性別がわからない場合には、かわいいイメージがあるものはshe、かっこいいイメージがあるものにはheを使うこともあります。

例文 Gura saw a stray cat. She was a tortoiseshell cat.

　　　ぐらは野良猫を見かけた。彼女（猫）は三毛猫だった。

❷ **make use of** our knowledge and experience from gaming!

make use of 〜は「〜をうまく使う」「〜を活用する」という意味です。ここでは「私たちのゲームの知識と経験」を活用する＝活かすと訳します。

例文 Kiara wants to make use of her experience in the stream.

　　　キアラは自分の経験を配信に活かしたい。

❸ I don't think that would **make us look** very good.

make ＋ 人／物 ＋ 動詞＝「人／物を〜させる」という表現です。make us look 〜で「私たちを〜に見せる」という意味になり、このとき「〜に」にあたるのがvery goodです。「私たちをよく見せる」についてdon't thinkと言っているので「私たちがよく見えるとは思わない」、つまり意訳すると「いい印象ではない」「感じが悪い」「イメージが悪い」と幅を持たせることができます。

例文 I think that hat makes Amelia look cute.

　　　その帽子はアメリアをかわいらしく見せると思う。

Key Topic

a **Talk about**

直訳すると「〜について話そう」となるけど、「まさに〜だ！」という強調の意味もあるよ。ここでは「RPGについて話そう」ではなく、「まさにRPGだね！」というニュアンスだね。

b **A peaceful solution would be ideal**

would be は仮定法で「〜だろう」という意味で、ここでは「理想的だよね」と訳すよ。争わずに平和的に解決したいよね。

c **I was joking**

自分が言ったことに対して「冗談だよ」「冗談でした」という意味の表現よ。セルフツッコミにも使えるよ。

knowledge【名詞】知識／experience【名詞】経験
solution【名詞】解決、解決法／ideal【形容詞】理想的な

Where is the Cave of the North?

北の洞窟ってどこにあるんだろう？

 To... the north, maybe?

たぶん……北のほう？

 We need a map of the surrounding areas.

周辺エリアの地図が必要ね。

 There's an item shop over there. Let's go check it out!

向こうに道具屋さんがあるから行ってみようよ！

 <u>a Do you think they'll also let us have things for free?</u>

またタダにしてくれるかな？

 I don't know. But we should get a few other things we might need, ❶ not just a map.

わからないけど、地図以外にも色々と必要そうな道具を揃えたいね。

 If we're fighting goblins, we'll need a legendary sword!

ゴブリンと戦うなら伝説の剣が必要になってくるよ！

 The kind that's stuck in a rock?

岩に刺さってるタイプの？

 Even if we found one, ❷ it would be too heavy for you, Gura.

もしあったとしても、ぐらには重すぎるんじゃない？

 <u>b Fine. A magic wand, then.</u>

いいよ、それなら魔法の杖だ。

 Hmm, magical and mystical!

ふむ、魔法的で神秘的ね！

 We're ❸ supposed to be mystical. We are "hololive English -Myth-," and we're VTubers.

そりゃ神秘的でしょ。私たちは「ホロライブEnglish -Myth-」であり、VTuberなんだから。

 Ah, you're right, Kiara.

ええ、キアラの言う通り。

Vocabulary ▷▷ **surrounding**【形容詞】周囲の、付近の／ **fight**【動詞】戦う
legendary【形容詞】伝説的な／ **sword**【名詞】剣

Grammar Point

① not just a map.

not justで「〜だけでなく」「〜のみならず」という意味です。ここでは「地図だけでなく」「地図以外にも」と、ほかの道具も揃える必要があることを示しています。

例文 Calliope is not just cool, she's very cute.
カリオペはかっこいいだけでなく、とてもカワイイ。

I have to call not just Gura but also Kiara.
私はぐらだけでなくキアラにも電話をしなくてはいけない。

② it would be too heavy for you

too＋形容詞または副詞で、「あまりにも〜すぎる」という表現になります。veryと違い、どちらかというと否定的なニュアンスになるのが特徴で、ここでは「あなたが持つにはあまりにも重すぎる」つまり、「あなたには重くて持てない」という意味です。

例文 This book is too difficult for Gura.
この本はぐらには難しすぎる。

Japanese summer is too hot for Amelia.
日本の夏はアメリアには暑すぎる。

③ We're supposed to be mystical.

be supposed to 〜は習慣や常識、ルールなど「〜するはず」「本来は〜する」を表すときに使います。ここでは「私たちは神秘的なはず」と訳します。

例文 Calliope is supposed to be a popular VTuber.
カリオペは人気のVTuberのはずだ。

Wait Amelia, in Japan we are supposed to take off our shoes in the house.
待ってアメリア、日本では家の中で靴を脱ぐことになっているの。

Key Topic

a **Do you think they'll also let us have things for free?**

let＋人／物＋動詞の原形で「人／物に〜させる」という意味になるよ。let me talkで「私にしゃべらせて！」とかね。

b **Fine**

I'm fineのように「大丈夫よ」「元気」のほかに、「それでいいわ」「わかったわよ」「もういいよ」ってときにも使うの。少しそっけない感じかな。

stuck【形容詞】固定された／wand【名詞】（魔術などで使う）杖、棒
magical【形容詞】魔法のような、不思議な

Chapter 6

道具を揃えよう

Let's Get the Equipment

 I talked to the shop owner. ❶ As we expected, he knew us too. He said we could take with us everything we need.

店長さんと話してきたよ。やっぱり彼も私たちを知ってた。必要なもの何でも持っていっていいって。

 a What a generous person!

なんて気前がいい人なの。

 But ❷ I can't help feeling guilty. After completing our mission and getting our rewards, we'll pay him and the hotel owner.

でも罪悪感があるね。依頼をこなして報酬をもらえたら、彼と宿屋さんにも代金を払おう。

 Yeah. We should pay them back for everything.

そうだね。ちゃんと全部支払って返そう。

 So, what should we take with us?

で、何を持っていくべきかな？

 They have all kinds of alcohol, like rum, wine, and beer... .

お酒が揃ってるわね。ラム酒、ワイン、ビール……。

Vocabulary ▶▶ generous【形容詞】気前のいい、寛大な
guilty【形容詞】有罪の／complete【動詞】完了する、終了する

I wonder if this village is a "gourmet hotspot". I had the same impression when we were eating.

この村ってグルメスポットなのかしら。食事のときにも同じように感じたわ。

b Could be. What should I have?

確かに。どれにしようかな～。

Gura, **c** one sip of alcohol is enough to knock you out, so grab a soft drink.

ぐら、あなたひと口のアルコールでもうダメなんだから、ソフトドリンクにしておきなよ。

What are you saying? I can drink!

何言ってんの？ 飲めるけど！

Grammar Point

1 **As** we expected,

この場合のasはそれ以降の主語＋動詞で、「～する通りに」「～するように」という意味になる接続詞です。ここでは「私たちが予想した通りに」「私たちの見込みのように」と訳せます。

例文 Amelia overslept as we expected.

アメリアは私たちの予想通りに寝坊した。

2 I **can't help** feeling guilty.

can't help ～は、自分ではどうしようもないことを表します。ここでは「どうしても罪悪感を感じざるを得ない」というニュアンスです。

例文 Kiara can't help being sleepy after eating.

キアラは食後、眠くてたまらない。

Key Topic

a **What a generous person!**

文頭にWhatをつけることで、感動の気持ちを表す感嘆文になるよ。What＋形容詞＋名詞で、「なんて～なんでしょう！」というフレーズになるの。このとき、文末に「!」をつけることを忘れずにね！

b **Could be**

相手の言葉に対して「そうかも」「たぶんね」と返す言葉。Couldを用いているけれど、過去ではなく未来のことに対しても使うよ。

c **one sip of alcohol**

one sip of ～で「ひと口飲む」「ちびちび飲む」という表現になるよ。ぐらはひと口のお酒でノックアウトされちゃうくらいに「弱い」ってことね。

reward【名詞】報酬／impression【名詞】印象／hot spot【名詞】盛えた場所
gourmet【名詞】グルメ、美食／grab【動詞】つかむ

❶ The drinking can wait until we complete our missions.

飲むのはミッションが完了するまで待ちなよ。

I agree with you, Ina. So, how about this item? It's a stick for lighting a fire. What's it called, a torch? We'll need it in the cave. And a matchbox, too.

イナの言う通りね。じゃあこの道具はどう？ 火を点けるための棒……何て言うんだっけ、たいまつ？ 洞窟のなかで必要になるでしょ。あとマッチ箱も。

You're scared of the dark, **a** after all.

カリは暗いの怖いもんね、やっぱり。

No! I just mean it's not safe in the dark! We may trip and fall. Be logical!

違うわよ！ 私はただ、暗闇の中は危険だって言ってるだけ。転んだり落っこちたりするかもでしょ、論理的に考えて。

Oh, that reminds me. We need a map to the cave.

ああそういえば、洞窟までの地図が要るんだったね。

b I nearly forgot. I'll ask the owner.

忘れるところだった。店長さんに聞いてくる。

Are there any weapons? **❷** Like swords or spears?

何か武器はないかな？ 剣とか槍とか。

I prefer a scythe.

私は鎌がいい。

c Apparently not. Not even a knife. Does this village have some kind of special law about weapons?

なさそうだね。ナイフすらない。この村には武器に関する特殊な法律でもあるのかな？

Yeah, weapons might be prohibited here. No problem. I can deal with things bare-handed.

そうね、ここでは武器は禁止されているのかも。まあいいわ。素手でもなんとかなるでしょ。

I'll carry the emergency food. Just in case we get stranded.

私は非常食を持っていくね。万が一身動きが取れなくなったときのために。

Vocabulary ▶▶ agree【動詞】同意する、賛成する／ torch【名詞】松明／ scare【動詞】怖がらせる
trip【動詞】つまずく／ logical【形容詞】論理的な、合理的な

Is that a rice ball? Looks yummy!
それおにぎり？ おいしそうだね！

 We could also use it to attract the lost cat.
迷子の猫をおびき寄せるのにも使えるかも。

Grammar Point

① The drinking can wait **until** we complete our missions.

A＋until＋Bで「BまでAをする」と、ある時点まで物事を継続するときに使う表現です。ここではBが「私たちが依頼をこなす」、Aが「お酒を飲むのを待とう」となり、「依頼を終わらせてから飲もう」という意味になります。

例文 Kiara waits in front of her computer until the stream she loves begins.

キアラは大好きな配信が始まるまで、パソコンの前で待っている。

Ina'nis edited the movie until the morning.

伊那尔栖は朝が来るまで動画編集をしていた。

② **Like** swords or spears?

likeは「好き」という意味ですが、前置詞として使う場合には「〜のような」「〜みたいな」という意味になります。ここでは「剣や槍みたいな？」とカジュアルに使っています。

例文 Gura wants to eat something. Like donuts or a sandwich.

ぐらは何か食べたい。ドーナツとかサンドウィッチとか。

Key Topic

a **after all**

「結局のところ」「どっちみち」「やはり」と言いたいときに使う表現だよ。カリオペったら、やっぱり暗闇が怖いのかな。

b **I nearly forgot**

「ほとんど忘れていた」というときに使うの。ちなみに似た意味の表現に I almost forgot. があるよ。

c **Apparently**

見聞きした情報に対して、「どうやらそうらしい」「そうみたいね」「そう見える」という意味の言葉。これからゴブリンと戦うのに、武器がないみたい……。大丈夫かな？

remind【動詞】思い出させる／ spear【名詞】槍／ prefer【動詞】好む
bare-handed【形容詞】素手で／ prohibit【動詞】禁止する／ emergency【名詞】緊急

Nice idea. We should take some extra.

ナイスアイデア。ちょっと余分に持っていくべきだね。

 I'm taking a sketchbook and a pencil.

私はスケッチブックと鉛筆にしようかな。

 Ina, ❶ how can you draw at a time like this?

イナ、こんなときでも絵を描くつもりなの？

 We can't take photos, so I'm going to ❷ sketch things instead.

写真を撮れないから、代わりにスケッチを描こうと思って。

 I see. We could use your sketches when we stream! We could show your sketches to our viewers while we talk about our adventure here.

そういうことね。そのスケッチ、配信のときに使えそう。ここでの冒険について話してる間、それを視聴者に見せられるじゃん。

 a Sounds nice. Let's do it once we get back to our world.

いいね。元の世界に帰ったらすぐにそれやろう。

 Wow! I'll get this!

あ！　わたしこれにする！

 A ukulele? You'll never need it, Gura.

ウクレレ？　ぐら、そんなの絶対に必要ないでしょ。

 Yes, I will.

いや使うね。

 How are you going to use it!?

どう使うつもりなのよ？

 Music saves the world. Don't you know that?

音楽は世界を救うんだよ。知らないの？

 I got a map and a compass from the owner. The Cave of the North is not that far from here, he said.

店長から地図とコンパスもらってきたよ。北の洞窟はここから遠くないって言ってた。

Vocabulary ▷▷ extra【形容詞】余分な／ draw【動詞】描く／ once【接続詞】〜するとすぐに
never【副詞】まったく〜ない、決して〜ない

All right. Time to start a real adventure.
それじゃ、本当の冒険の始まりだね。

 b Here we go! Our journey to save the world!
さあ、世界を救うための旅に出発！

Grammar Point

1 **how can you** draw at a time like this?

how can you ～で「どうして～できるの？(普通はできない)」というフレーズになります。ここでは「どうしてこんなときに絵を描くことができるの？」と呆れや驚きの気持ちを表しています。

例文 Ina'nis, how can you eat so much spicy food?
伊那尓栖、どうしてあなたはそんなに辛いものを食べることができるの？

How can Calliope drink so much alcohol?
カリオペはどうしてそんなにお酒が飲めるの？

2 sketch things **instead**.

insteadを文末につけることで、「代わりに～する」「ではなくて～する」となります。この場合では、写真が撮れない代わりにスケッチをするという意味です。

例文 The cafe Amelia wanted to go to was closed, so she went to the movie theatre instead.
アメリアの行きたかったカフェは閉まっていたので、代わりに映画館に行った。

The shortcake was sold out, so Amelia bought a chocolate cake instead.
ショートケーキが売り切れていたので、アメリアは代わりにチョコレートケーキを買った。

Key Topic

a Sounds nice

相手の提案に対して、「いいね」「そうしよう」「いい感じ」と賛成するニュアンスの言葉よ。Sounds goodと言うこともあるわ。

b Here we go!

「さあ行くぞ！」「よっしゃ、始めるよ！」のように、何かをスタートするときに威勢をつけるお約束のフレーズよ。聞いたことあるわよね！

adventure【名詞】冒険／ukulele【名詞】ウクレレ／save【動詞】救う、助ける
compass【名詞】コンパス、羅針盤／journey【名詞】旅行、旅

Chapter 7

この先立入禁止

No Entry Beyond This Point

 Hey Amelia, is ❶ the cave beyond this forest?

ねえアメリア、この森を越えた先に洞窟があるの？

 Hmm, ⓐ I think so. If this map and compass are correct. And my brain.

うーん、そうだと思う。この地図とコンパスが正しければ。それと私の頭も。

 A real gamble!

こいつは賭けだね！

 It'll be all right. We're going the right way, I think.

大丈夫でしょ。正しい道を行ってると思うよ。

 Look, there's a sign!

ねえあれ、看板があるよ！

 Right. ⓑ What does it say?

本当だ。なんて書いてあるのかな？

Vocabulary ▶▶ beyond【前置詞】〜を超えて、〜の向こうに／ correct【形容詞】正しい、正確な
sign【名詞】看板／ caution【名詞】注意、警告

Hmm. "Caution! Dangerous Goblins! No entry!", it says.

えーと、「注意！ 危険なゴブリン！ 立ち入り禁止！」だって。

I see. This is the forest where ❷ goblins have been seen. Well, they couldn't be scarier than the Grim Reaper.

なるほど、ゴブリンが出る森ってここなのね。まあ死神よりも恐ろしいってことはないかな。

If we're all in danger, I'll fight, too! Sharks can be strong even on land **c** these days.

もしみんなが危なくなったら、わたしも戦うよ！ 最近のサメは地上でも強いんだから。

Grammar Point

❶ the cave beyond this forest?

beyond + 名詞句で、「〜を越えて」「〜の向こうに」という意味になります。ここでは位置を指す表現として使っていますが、「時間を過ぎる」「程度を超える」など位置以外の事物を表すこともできます。

例文 Her home lies beyond this ocean.

彼女の故郷は、この海を越えた向こう先にある。

❷ goblins have been seen.

have ／ has been ＋過去分詞で「〜される」という現在完了形の受身になります。完了形はそのことがすでに終わっている状態を示すため、ゴブリンがすでに目撃されている、ゴブリンのいる森という意味です。

例文 Kiara has been fine ever since she was reborn from the ashes.

キアラは灰の中から蘇ってからはずっと元気だ。

Key Topic

a I think so

相手の意見や主張に対して、「そうだと思う」と同意するときに使う言葉。「絶対にそう思う！」と伝えたいときには強調の「too」を使って「I think so too.」と言うこともできるよ。

b What does it say?

このsayはit＝看板が言っているという文意で、わかりやすく言えば、「なんて書かれているの？」という意味になるの。よく使うお決まりのフレーズだね。

c these days

「最近」「この頃」「近頃」といったニュアンスの言葉で、「今」を含んだ期間を表すときに使うよ。

dangerous【形容詞】危険な、危ない／ entry【名詞】立ち入り、入場
Grim Reaper【名詞】死の概念、死神／ scarer【比較級】恐ろしい

I'm the only pure human here, so please protect me.

この中で私だけ本当に人間だから、守ってね。

I'm 100% human, too!

私も100％人間だって！

What makes a human? A truly philosophical mystery.

人間を形作るものとは何なのか。まさに哲学的なミステリーだね。

By the way, Ame, can we return by sunset if we leave now?

ところでアメ、今から行って日没までに帰ってこられそう？

Well, ❶ the sun might not even set here. Look, the stars in the sky look very different from those we see on Earth.

えーと、ここじゃ日が沈むとは限らないよ。ほら、空に浮かんでる星たちが地球で見るのとは全然違ってるし。

You mean it might be bright all day? Insomnia, here we come.

ずっと明るいままかもってこと？　不眠症になりそうだね。

❷ We need to consider heading back if it might take a long time. Safety first. ⓐ Let's take this step by step.

もし時間がかかりそうだったら引き返すことも考えなきゃ。安全第一で、着実にいこう。

ⓑ We'll be fine. ⓒ Keep going.

まあなんとかなるでしょ。進みましょう。

Ina, are you drawing and walking at the same time?

イナ、歩きながら絵を描いてるの？

Yes. There're lots of unique plants. I want to ❸ put them all down on paper.

そうだよ。珍しい植物がたくさん生えてるし。できれば全部描きとめておきたいんだ。

You may have to ❹ leave the sketchbook behind when we go back to our world.

元の世界に帰るときに、そのスケッチブック置いていかないといけないかもよ？

Vocabulary ▷▷　pure【形容詞】純粋な、不純物のない／ protect【動詞】守る、保護する
truly【副詞】本当に、正直に／ philosophical【形容詞】哲学的な

Grammar Point

1 the sun might **not even** set here.

evenの前にnotを置くと「〜でさえない」「〜さえもない」という強い否定の表現になります。ここでは推量の意味を持つmayの過去形のmightをつけることで「太陽はここでは沈むことさえないかもしれない」と訳します。

例文 Amelia might not even know about it.

アメリアはそのことすら知らないかもしれない。

2 We need to consider

主語 + need to +動詞は「〜する必要がある」という意味です。needよりも必要性が高い場合は、shouldを使い、we should considerで「考えるべきだ」になります。

例文 Gura needs to think carefully before she speaks out.

ぐらはよく考えてから発言する必要がある。

3 **put** them all **down** on paper.

put downは「置く」のほかに「書きとめる」「着陸する」「鎮圧する」など、非常に多くの意味を持った汎用性の高い言い回しです。ここではon paperと続くため「紙に描きとめる」という意味で使われています。

例文 Calliope put Ina'nis'words down on paper.

カリオペは伊那尓栖の言ったことを紙に書きとめた。

4 **leave** the sketchbook **behind**

leave 〜 behindで「〜を置き去りにする」「〜を置き忘れる」「〜を連れて行かない」という意味になります。

例文 Gura left her wallet behind.

ぐらは財布を忘れてきてしまった。

Key Topic

a Let's take this step by step

step by stepには「一歩ずつ」という意味があり、「着実に」「少しずつ」ってことだね！ 何事も焦らず慎重にいこう！

b We'll be fine

「まあ大丈夫でしょう」「なんとかなるでしょう」という意味の言葉。こういうの、日本の沖縄にも似た言葉があったよね。「なんくるないさ〜？」

c keep going

keep+動詞の現在進行形または、keep+形容詞で「〜し続ける」になるよ。
keep staying「(そこに) ずっといる続ける」つまり、「そこにいて」という意味。
keep calm「落ち着いて」もよく使われるフレーズだよ。

different【形容詞】〜と違う／bright【形容詞】明るい、眩しい
insomnia【名詞】不眠、不眠症／consider【動詞】熟考する、よく考える

❶ Even then, I'll remember the details better by actually drawing them.

だとしても、実際に描けば細かいところまでちゃんと覚えてられるから。

 I see.

なるほど。

 But this forest is quite unusual. ❷ We haven't seen a single animal, let alone a goblin.

でもこの森、すごく変。ゴブリンどころか動物一匹いないもの。

 True. It's so quiet, it's almost creepy.

確かに、ちょっと不気味なくらい静か。

 It feels weird. ❸ Like something's off.

変な感じがする……まるで何かがズレているような。

 You can sense the goblins?

ゴブリンの気配がするとか？

 That's not it. It's just too quiet here.

そうじゃなくて……ここ、ただただ静かすぎるのよ。

 What do you mean?

どういうこと？

 Hey, I just realized something crazy. a Can I point it out?

ねえ、大変なことに気がついたんだけど、指摘してもいいかしら？

 Sure. b Go ahead.

もちろん、どうぞ。

 Gura's gone.

ぐらがいないわ。

 c That explains why it's so quiet.

どうしてこんなに静かなのかわかったね。

 We have to find her!

見つけないと！

 Vocabulary ▷▷ remember【動詞】覚えている／ detail【名詞】細部、詳細
quiet【形容詞】静かな、音がない／ unusual【形容詞】普通でない、珍しい

Grammar Point

1 Even then,

「そのとき」を意味するthenに「〜さえも」という意味を持つevenを組み合わせることで、「それでも」「その場合にも」「それさえも」という慣用表現になります。ここでは、「スケッチブックを置いて帰ることになる。それでも〜」という文意で使われています。

例文 Amelia screamed very loudly. Even then, Gura did not wake up.
アメリアは大声で叫んだ。それでもぐらは目を覚まさない。

2 We **haven't** seen a single animal, **let alone** a goblin.

not 〜 A, let alone Bは「Aは言うまでもなく（もちろん）Bもない」という意味の表現です。前半で否定したことを前提に、後半の別の事柄についてもちろんありえないという強い否定の意味で使われます。

例文 She cannot do simple calculations, let alone solve factorizations.
彼女は簡単な計算ができないのはもちろん、因数分解など解けない。

Kiara is so tired that she cannot even walk well, let alone run.
キアラはとても疲れていて、走ることはおろか、うまく歩くことさえできない。

3 Like **something's off.**

something is offは「何かが不自然」「何かがおかしい」という表現です。文頭のlikeは「〜のような」と曖昧であることを強調しています。

例文 Something is off about Calliope today.
今日のカリオペは何か不自然だ。

Key Topic

a Can I point it out?

point it outは「指摘する」という意味で、何かの不具合を指摘をしたり、相手が気づいていないことを教えてあげたりするときに使うフレーズだね。

b Go ahead

「お先にどうぞ」「さあどうぞ」「さあ、してください」といったニュアンスで、相手に何かを促したりするときに使う言葉だよ。

c That explains why it's so quiet

That explains why 〜で「どうして〜なのか説明できる」「どうして〜なのかわかった」「なるほど、どうりで〜なのか」という意味の表現になるよ。

creepy【形容詞】不気味な／weird【形容詞】変な／sense【動詞】感じる、感づく
realize【動詞】認識する、理解する／explain【動詞】明らかにする、説明する

Chapter 8

迷子のぐら

Gura, Lost in the Forest

 Hey, Gura!
おーい、ぐらー！

 Gura! Where are you?
ぐら、どこにいるのー！

 Don't tell me, the goblins got her…?
まさか、ゴブリンたちに連れて行かれちゃったんじゃないよね……？

 If ❶ they prey on sharks, ❷ they must be fierce.
サメを捕食するんだとしたらヤバいわね。

 a Wait a second. Do you hear something?
ちょっと待って、何か聞こえない？

 Hm? You're right. Is that music?
うん？ ……本当だ。これって音楽？

 Is someone singing? Let's go check it out!
誰かが歌ってる？ 確かめてみよう！

Vocabulary ▷▷ **prey on**【句動詞】捕食する、食い物にする／**fierce**【形容詞】獰猛な、凶暴な

Ba ban ban ba ban~ ♪
バ、バンバン、バ、バン〜♪

 Gura!
ぐら！

 Oh, **b** there you are, guys.
あ、みんな来たんだ。

 c Don't give me that! And, uh, who are they?
「来たんだ」じゃないよ！　というか……えっと、この方々は……？

Grammar Point

❶ they **prey on** sharks,

preyは「獲物／捕食する」という単語で、主語 + prey on 〜で、「主語が〜を獲物にする」「捕食する」という意味の表現です。また、詐欺や犯罪などの犠牲やターゲットになるという意味もあります。

例文 Killer whales have preyed on sharks.
シャチはサメを捕食してしまった。

❷ they **must be fierce**.

must be + 形容詞は「〜に違いない」「きっと〜だ」など、自分の認識に基づいた推定の表現です。fierceは「獰猛な」という意味の形容詞なので、ここでは「彼ら（ゴブリンたち）は獰猛に違いない」と訳します。

例文 Ameria must be still sleeping.
アメリアはまだ寝ているに決まっている。

Key Topic

a Wait a second

「ちょっと待って」と言うときに使うフレーズよ。secondは「秒」という意味だから、１分以内ぐらいの本当に短い間を指すわ。

b there you are

直訳すると「そこにあなたがいる」という意味になるけれど、口語的には相手（あなた）に対して「来たんだ！」「いた！」という表現になるわ。

c Don't give me that

直訳すると「それを私に与えないで」だけど、「そんなの信じないよ」「とぼけないで」「そんな言い訳しないで」という意味で使うよ。

hear【動詞】聞く、聞こえる／sing【動詞】歌う、さえずる

Let me ❶ introduce you to my friends, the goblins!

わたしの友人たちを紹介します。ゴブリンのみなさんです！

What? What do you mean?!

はぁ？ どういうこと？

I met them earlier, and we became friends! The power of music is incredible. It [a] broke the ice so easily.

さっき会って、仲良くなったんだよ。音楽の力ってすごいね。簡単に打ち解けちゃった。

Unbelievable. ❷ Don't goblins attack humans?

信じられない。ゴブリンって人々を襲うんじゃないの？

Oh, apparently that's a misunderstanding. They said they haven't attacked any villagers.

ああ、それはどうやら誤解みたいだよ。誰も村人を襲ったりなんかしてないってさ。

I had no idea we could communicate with goblins [b] in the first place. I just assumed there was no way we could talk with each other.

そもそもゴブリンと会話ができると思わなかったよ。てっきり話し合うのは無理なのかと思ってた。

I can understand what they're saying. ❸ It's neither English nor Japanese, though, so you guys might not.

わたしは何言ってるのかわかるよ。英語でも日本語でもないから、みんなにはわからないかもだけど。

So, what do we do? Should we persuade them to leave this forest? Or, do we talk to the villagers, clear the misunderstanding, and find a way for them to coexist?

で、どうする？ 彼らにこの森から出ていってもらうように説得するべき？ それとも村人たちと話して誤解を解いて、みんなで共存する道を見つける？

The goblins told me they were returning to their homeland soon.

ゴブリンのみんなは近いうちに元の住処に帰るってさ。

 Vocabulary ▷▷   introduce【動詞】紹介する／ incredible【形容詞】信じられない、すばらしい
easily【副詞】容易に、簡単に／ unbelievable【形容詞】信じられない

Really? That solves the problem, then.
ホント？ それなら問題解決じゃん。

But why did they come to this forest in the first place?
でもそもそも、どうして彼らはこの森に来ていたの？

Grammar Point

❶ introduce you to my friends, the goblins!

introduce A to Bで、「AにBを紹介する」という表現になり、知人や友人を「こちら～です」と紹介する
場面で使われます。ここでは、「こちら、私の友人であるゴブリンのみなさんです」と紹介しています。

例文 Let me introduce you to one of my favorite seniors.
私の大好きな先輩のひとりを紹介しよう。

❷ Don't goblins attack humans?

助動詞やbe動詞に否定語を加えることで、「～じゃないの？」「～ではないの？」という否定疑問文にな
ります。

例文 Ina'nis is not playing games today?
伊那尔栖は今日はゲームをしないの？

❸ It's neither English nor Japanese,

neither A nor B は「AとBのどちらでもない」という、AとBの両方を否定する表現です。

例文 I like neither melons nor coffee.
私はメロンもコーヒーも好きじゃない。

Key Topic

a broke the ice

直訳すると「氷を砕く」という意味だけれど、いろいろなニュアンスで使わ
れるの。ここでは、初対面の人と打ち解けて、緊張をほぐしたり仲良くな
るという意味で使われているよ。

b in the first place

「第一に」「最初に」「そもそも」という意味のフレーズ。物事の発端や、原
因について指す言葉だよ。

apparently【副詞】どうやら～らしい／ misunderstanding【名詞】誤解／ assume【動詞】推測する
though【接続詞】けれど、にもかかわらず／ leave【動詞】出発する、去る／ coexist【動詞】共存する

They said they'd stayed away from this forest because there was a horrible monster here. But it seemed to have disappeared recently, so they decided to come here on vacation.

彼らが言うには、この森には怖いモンスターがいたから近寄れないでいたんだけど、そいつが最近いなくなったらしくて、だからバカンスに来てみることにしたんだって。

What? You mean there's a monster that even goblins find scary?

なによ、ゴブリンでさえ怖がるようなモンスターがいるってこと？

Yeah. But ❶ no one knows where it went.

うん、そいつがどこへ行ったのか誰も知らないんだけどね。

Hmmm, ❷ I don't really get it. Isn't that monster a danger to the villagers?

うーん、よくわからないわね。そのモンスターは村の人たちにとって脅威じゃないのかしら？

a Who knows? Ask the villagers.

さあ？ 村の人に聞いてみないと。

All right. Anyway, we've completed one mission. The ones remaining are finding the cat, and exploring the cave.

まあいいわ。とにかくミッションはひとつクリアよ。あと残っているのは猫を見つけるのと、洞窟の探索ね。

Oh Gura, ❸ could you ask the goblins if they've seen a cat?

そうだ、ぐら、ゴブリンのみなさんに「猫を見なかったか」って聞いてくれる？

Ask them yourself.

自分で聞きな？

I don't know what language they speak.

彼らの言葉はわからないわよ。

What's important is your strong will to communicate with them.

大切なのは彼らとコミュニケーションを取りたいっていう強い意志だよ。

Ugh, b that's a good point. So... c meow? Meow?

う、一理あるわね。じゃあえっと……にゃ、にゃ～？

Vocabulary ▶▶ horrible【形容詞】恐ろしい／ disappear【動詞】消える、見えなくなる
recently【副詞】最近、近頃／ decide【動詞】決断する、決める

Oh, when I asked them earlier, they said they hadn't seen it.
あ、さっき聞いたときは見なかったって言ってたよ。

 Ugh! Tell me sooner!
あ゛あ゛！ もっと早く言いなさいよ！

Grammar Point

❶ no one knows where it went.
no oneは「誰も〜ない」「ひとりも〜ない」という表現で、no one knowsは「誰も知らない」という意味です。ここでは「それがどこに行ったのか誰も知らない」、つまり「行方不明」と訳します。

例文 No one eats the food I made.
私の作った食べ物を誰も食べない。

❷ I don't really **get it.**
get itで「理解する」「わかる」「納得する」という表現です。ここでは否定とreallyがついているので、「よくわからない」という意味になります。

例文 I don't get it. Why is Kiara angry?
私はわからないよ。どうしてキアラは怒っているの？

❸ could you ask the goblins if they've seen a cat**?**
Could you 〜?は「〜していただけませんか？」とお願いをする表現です。同じくお願いをする言葉にWould you 〜? がありますが、Couldは実現が可能か、Wouldは意志があるか確認するニュアンスです。

例文 Could you pick up Ina'nis tomorrow?
明日、伊那尔栖を迎えに行っていただけますか？

 **Key Topic**

a Who knows?
直訳すると「誰が知っているの？」となるけど、質問に対して「そんなこと知らないわ」「さあ、わからないわ」と答えるフレーズだよ。

b that's a good point
相手の発言や主張に対して「たしかに、そうね！」「いい指摘だわ！」と同調するときに使う表現。会話をしているときによく使うフレーズだね。

c meow? Meow?
「にゃー」とか「にゃお」という、猫の鳴き声を表す言葉よ。ほかにも「mew」と言うこともあるね。ちなみに喉をゴロゴロ鳴らすときは「purr」と言うよ。

scary【形容詞】怖い、恐ろしい／ remaining【形容詞】残りの、残った／ ask【動詞】尋ねる、質問する
will【名詞】意志／ sooner【副詞】より早く、もっと早く

穴埋めトレーニング ②

Lesson 2で勉強した文法を使って、文の穴埋め問題を解こう。
日本文の意味になるように、（　　　）の中に適する語を入れよう。

➡ 回答は153ページ

1 私は**どっち**を購入するかを決めた。
I decided (　　　　　) (　　　　　　　) to buy.

2 その服は**あなた**を若く**見せる**。
Those clothes (　　　　　) (　　　　　) look
younger.

3 この問題は彼女には難し**すぎる**だろう。
This problem would be (　　　　　　) difficult
for her.

4 母が言った**通り**、私は道に迷った。
(　　　　　　　) my mother had said, I was lost.

5 私はあの事故を**悲しまずにはいられない**。
I (　　　　) (　　　　　　) but be saddened
by that accident.

6 朝が来る**まで**オンラインゲームをした。
We played online games (　　　　　　　) the morning .

7

どうしてそんなひどいことが言えるの？

(　　　　　) (　　　　　　　　) you say such terrible things?

8

私を置いていかないで。

Don't (　　　　　) me (　　　　　　).

9

私は英語を読むことはもちろん、書くこともできない。

I cannot read, (　　　　　) (　　　　　　) write English.

10

彼女は嘘をついているに決まっている。

She (　　　　　) (　　　　　　) lying.

11

その問題について賛成と反対のどちらでもない。

I (　　　　　) agree (　　　　　　) disagree on the issue.

12

未来のことは誰にもわからない。

(　　　　　) (　　　　　　) knows what the future holds.

13

もう一度言っていただけませんか？

(　　　　　) (　　　　　　) say that again, please?

\ おさらい英単語 /
冒険・クエスト に関わる言葉

trial
(発音)tráiəl
【名】①試練、苦難　②試験、試用　③裁判
【形】試験的な、実験的な

search
(発音) sə́ːrtʃ
【動】①捜す、捜索する
【名】①探索　②検索

request
(発音) rikwést
【動】①依頼する　②懇願する
【名】①依頼　②要望

goblin
(発音) gáblin
【名】ゴブリン、魔物

explore
(発音) ikspĺɔːr
【動】探索する、調査する

map
(発音) mǽp
【名】地図
【動】地図を作る

sword
(発音) sɔ́ːrd
【名】剣

complete
(発音) kəmplíːt
【形】完璧な
【動】完了する、仕上げる

mission
(発音) míʃən
【名】任務、使命

adventure
(発音) ədvéntʃər
【名】冒険

compass
(発音) kʌ́mpəs
【名】コンパス、羅針盤

monster
(発音) mánstər
【名】モンスター、怪物

アメリカが教える！

SNSで使える表現特集！

SNSをはじめとしたインターネットで使われる、普段の会話ではあまり使わない言葉や表現をチェックしよう。

特別講師のアメリアだよ！ここでは、メンバー同士で実際にあったSNSでのやりとりから、ネット特有の英語表現を見てみよう！

 @gawrgura
がうる・ぐら

ohasame!! time to do stuff!!

im gonna get two ice cream scoops and

u cant stop me!!! :333

おはサメ!! いろいろする時間だよ!!
わたしはアイスクリームを2段で買うつもり！そして、あなたはわたしを止めることはできないよ!!!

↳ アメリアさんからの返信
@watsonameliaEN

what kind of icecream do they even have in atlantis? salt ice cream? kelp?

アトランティスにはどんなアイスクリームがあるの？　塩アイスクリーム？　昆布？

imはI'mのことだよ。ネットだと文頭も打ち込みやすい小文字にしたり、アポストロフィを省略したりするんだ。cantもそうだね！

uはyouの代用としての表現だよ。入力する文字を節約したいときや、はやく打ち込みたいときに使われるんだ。

@watsonameliaEN
ワトソン・アメリア

gura mailed me a box of lemons....and one(1)
vanilla Betty Crocker Cookie Icing Pouch (=´∀｀)???
the lemons are FAKE btw...
this idiot LMAO 🤍🤍🤍🤍🤍

ぐらがレモンを一箱郵送してくれたの。
それとベティクロッカークッキーアイシングパウのバニ
ラ。ところでレモンは偽物です…このバカ（爆笑）。

↳ ぐらさんからの返信
@gawrgura

those lemons will last forever, like my love
for u 🤍

そのレモンは永遠に続くよ、わたしのあなたへの
愛と同じように。

by the wayの略で「ところ
で」「そういえば」という意
味。会話ややりとりの途中
で話題をかえるときに使う
よ。

laughing my ass offの頭文
字をとって作られた言葉。
直訳すると「尻が取れるほ
ど笑う」という意味で、チャッ
トなどで「爆笑」という意味
で使われるね。

@ninomaeinanis
一伊那尔栖

Finally finished the boba I was drinking during
the stream.... (*´ω●)
It was room temperature but still lovely

配信の間に飲んでいたタピオカをやっと完食…。
常温だったけど美味しかった。

タピオカティーのことだよ。
アメリカでは「Boba Tea」
や「Bubble Tea」と呼ぶんだ。

↳ アメリアさんからの返信
@watsonameliaEN

nasty! ur gonna get a tummy ache (*´-)

気持ち悪い！お腹痛くなっちゃう。

お腹を意味する言葉だよ。
同じお腹という意味がある
「stomach」に比べて、子ど
もっぽい言い方になるよ。

↳ 伊那尔栖さんからの返信
@ninomaeinanis

will you rub my tummy if it hurts 🥺

痛かったらおなかさすってくれる？

↳ アメリアさんからの返信
@watsonameliaEN

omw

今行くよ！！

on my wayの略で、「今行く
よ」「急いで行くよ」「向かっ
ているところ」と、相手に急
いで伝えたいときに使うよ。

84

@takanashikiara
小鳥遊キアラ

It's a bit painful to say goodbye but it's only for a few days..!! See you soon KFP, I'll go enjoy my mini-vacation!

お別れはちょっと辛いけど、ほんの数日のことだから...！またねKFP（キアラのファンの愛称）、私はプチ休暇を楽しんでくるよ！

↳ アメリアさんからの返信
@watsonameliaEN

I'll misss u!!!

さみしいよ！

↳ 小鳥遊キアラさんからの返信
@takanashikiara

I'll miss you too😢 but my dms are always open for you😎

私もさみしいよ。でも私のDMはあなたのためにいつでも開けてあるよ。

> SNSで相手と直接やりとりができるダイレクトメッセージ（Direct message）のことだよ。日本でもDMという略称を使っているね。

 @moricalliope
森カリオペ

Amelia is so cute! I want to squeeze her.

アメリアはとてもかわいい！ ぎゅーってしたい。

> 直訳だと「絞る」という意味だけれど、「ぎゅっと抱きしめる」という意味もあるよ。

↳ アメリアさんからの返信
@watsonameliaEN

😳☜yes p-please

はい、お、お願いします。

↳   カリオペさんからの返信
@moricalliope

I cannot promise it's squeeze you will like, unfortunately...

残念ながら、あなたが気に入るような抱き心地はお約束できませんが...。

> 「不幸ですが」「あいにくですが」「残念ですが」「申し訳ありませんが」というニュアンスの言葉で、とても丁寧な言い方をするときに使うよ。

カリオペの観光先で使える英語表現

駅までどう行けばいいか教えてください。

Please tell me how to get to the station.

get to 〜で「〜にたどり着く、到着する」。how toは「ハウツー本」とかの語源だから想像つくよね、how to 〜で「どのように〜か」「〜する方法」って意味よ。

おすすめの観光スポットはありますか？

Do you have any recommendations for sightseeing?

recommendationは「おすすめのもの」という意味。動詞のrecommend（おすすめする）もよく使うわ。sightseeingは「観光」よ。重要ワードだから覚えておいてね。

観光地図はありますか？

Do you have maps for sightseeing?

スタッフさんとかに「〜はありますか？」と、買ったり貰ったりする品物について質問する表現。英語だと「あなたは〜を持っていますか」という言い方をするの。Are there 〜だと「人・物がそこに存在するか？」って意味になっちゃうから気をつけて！

トイレはどこにありますか？

Where is the restroom?

トイレはtoiletでもいいけど、ちょっとダイレクトすぎ。restroom（休憩室）とかpowder room（化粧室）のほうが上品ね。lavatoryは正式な表現で、飛行機の機内で見かけるかしら。bathroomは、お風呂とトイレが一体になった部屋のこと。

写真撮ってもらってもいい？

Can you take a picture of me?

軽く頼むときにはCan you 〜（〜してくれる？）が定番。もっと丁寧にお願いしたいならCould you 〜と言いましょう！

タクシーを呼んでもらってもいいですか？

Could you call a taxi for me?

for me（私のために）は、お願いごとをするとき、英語だとよく付け加えるわ。「タクシーを呼ぶ（電話する）」は、call a taxiよ。

キアラの ファストフード店 で使える英語表現

飲食店で一番使える表現。ほしいモノの名前を言ってplease! をつける、これでオールオッケーだよ。「もっと丁寧に言いたい！」ってときはCan I see the menu?（メニューを見てもいい？）と言おう。

メニューを見せてください。

Menu, please!

チーズバーガーとフライドポテトのセットで、Sサイズのコーヒーをお願いします。

I'll take a cheeseburger meal with french fries, and a small coffee please.

「セット」はmealまたはcomboと言うよ。フライドポテトはfrench fries。飲み物のサイズは、S・M・Lでは通じないのでsmall / medium / largeと伝えよう。

単品でサラダも追加したいです。

I'd like to add a salad.

「単品で」に当たる単語はないんだ。「ハンバーガーを単品で」と言いたいときは、Just a hamburger, please.（ハンバーガーだけと言うこと）が多いかな。この場合はadd a salad（サラダを一つ加える）で通じるよ。

ピクルスを抜いてください。あと、ケチャップは少なめに。

No pickles, and less ketchup, please.

「抜いてください」はNo 〜 , please.で伝わるよ。少なめlessは、多めmoreと対にして覚えておこう！ Easy on ketchup, please.と、easy onを使うこともできるよ。

持ち帰りでお願いします。

To go, please.

For here or to go?（ここでお召し上がりですか、それともお持ち帰りですか）は、よく尋ねられる表現だから覚えておこう。take out（イギリス英語だとtake away）も間違いじゃないけど、あまり言わないかな……。

支払いにクレジットカードは使えますか？

Can I use a credit card to pay?

a credit cardを、電子マネー（e-money）に替えてもいいね。現金はcashと言うよ。

伊那尔栖の
創作活動
で使える英語表現

あなたのファンアートを描いて、公開しても
もいいですか？

**Would it be ok to draw and post fan
art of you?**

Is it ok to 〜．でもいいけれど、is
をwouldにすると、より丁寧だよ。
「公開する」はreleaseやpresent
を使ってもいいね。

あなたの作品はとてもすばらしい！

Your work is awesome!

芸術作品のことをworkと言うんだ。数えると
きはa piece of work（1作品）、two pieces
of work（2作品）と数えるので、pieceで「作
品」を指すこともあるよ。「すばらしい」は
awesome、brilliant、wonderfulなどだよ。

その配信には多くの撮れ高があった。

・The stream had lots of usable footage.
**・The stream contained lots of usable
footage.**

配信はstream。生配信を強調したい場合にはlive streamと言っ
たり、現在進行形にしてIna'nis is streaming.（伊那尔栖が今配信
している）と表現するよ。撮れ高はusable footage（使える映像）。

切り抜き動画を
作成するね。

I'll clip this.

「切り抜く」はclip。動詞だからI'll clip
this live-streaming show later!（私、
このライブストリーミング・ショーの切
り抜き動画あとで作るね！）みたいにも
言える。切り抜き動画作成者をclipper
と呼ぶほど広まった単語だよ。

二次創作ガイドラインをよく確認しなくてはいけないな。

**I should check the derivative work guidelines
carefully.**

「確認すべき」「した方がよい」程度のニュアンスならshould。「必要がある」
ならneed to。もっと厳しく「しなさい！」「しないとダメ」ならhave toや
mustだよ。「しっかり」はcarefully（注意深く）か、strictly（厳しく）かな。

LESSON 3

In the Cave of the North
北の洞窟の中で

Chapter 9

伊那尓栖についていこう

Let's Follow Ina'nis

Look! The cave! **a** That must be it!

見て、洞窟！ あれで合ってるはず！

Is this the entrance to the Cave of the North?

これが北の洞窟の入り口？

Yes. I'm glad **b** we made it.

そうよ。たどり着けてよかった。

Oh, look, we can see the village behind us. It seems like we've been walking for miles, but we haven't come that far.

あ、ねえ、後ろのほうに村が見えてるよ。結構歩いた気がしたけど、遠くまで来たってわけじゃないね。

Well, it probably felt farther because we were walking uphill.

そうね、上り坂を歩いてきたから遠く感じたのかも。

c Nah. It's because we had to go looking for Gura.

いや、ぐらを探しに行く必要があったからでしょ。

---

entrance【名詞】入り口／ glad【形容詞】うれしい、喜んで
farther【副詞】もっと遠くに／ uphill【名詞】上り坂

Anyway, why does this cave need exploring in the first place?

それはいいとして、そもそもなんで洞窟の調査が必要なんだっけ？

The posting said that the village's guardian deity lives here, but it **①** hasn't been seen since a big earthquake hit this area.

張り紙に書いてあったのは、ここには村の守り神が住んでいるんだけど、このエリアで大きな地震が起きてから姿を見せてないんだって。

So they wanted to investigate the cave but couldn't because of the goblins in the forest.

だから村人たちは洞窟の調査をしたかったのに、森にいるゴブリンたちのせいでできなかったと。

Grammar Point

① hasn't been seen **since** a big earthquake hit this area.

since ～は「～以来」「～してから」という意味です。earthquake hit ～で「～で地震があった」という意味になるので、「大きな地震以来、それを見たことがない」となります。

例文 Gura has a hoarse voice since she screamed so loud last night.

ぐらは昨夜に大声を出してから、喉の調子が悪い。

I have known Kiara since she debuted.

私はキアラがデビューしたときから知っている。

a That must be it

「きっとそうだよ！」「そうに違いない！」って何かを確信したときのフレーズだよ。

b we made it

物事がうまくいったときに「やった！」「成功した！」って喜びを表す言葉なの。ちなみに、自分が成功したときは「I made it.」って報告して、相手が成功したときには「you made it.」って声をかけるよ。

c Nah

「そうではない」「それは違う」という意味の言葉だね。「No」と同じ意味だけれど、もう少しやわらかくてカジュアルになるよ。

guardian【名詞】守護者、保護者／earthquake【名詞】地震／investigate【動詞】調査する

❶ I wonder what this **a** guardian deity is.

守り神って何なのかしら？

 They didn't mention that in the posting.

それは張り紙には載ってなかった。

 Oh well, we'll find out when we see it. Let's go!

まあ、見ればわかるよ。さあ行こう！

 b Ugh. It's a little dangerous here because the ground is uneven. ❷ Not that anything can kill me, of course.

うーん、ここは地面が不安定でちょっと危ないね。もちろん私はどうなっても死なないんだけど。

 ❸ Perhaps this is my turn to shine. Calli, hand me one of the torches you have.

ここは私の出番かな。カリ、持ってきたたいまつ1本頂戴。

 Here you are. Want me to light it?

はい。点火したほうがいい？

 Yes, please. OK, I'll go ahead and fix up the path. **c** Follow me! And ❹ stick close so you don't get lost.

お願い。OK、私が先頭になって道を整備して進むから、みんな離れないようにしっかりついてきて！

 Fix up the path? How?

道を整備って？　どうやって？

 I'll use these.

これらを使って。

 Wow, Ina's tentacles! Haven't seen them in a while!

わあ、イナの触手！　久しぶりに見た！

 OK, let's start!

それじゃあ行こうか。

 Hmm. The inside of this cave is much larger than I expected.

ふむふむ、洞窟の中は思ってたよりも広いね。

mention【動詞】言及する／ uneven【形容詞】でこぼこした
of course【副詞句】当然、もちろん／ turn【名詞】順番

Grammar Point

❶ I wonder what this

主語 + wonder + whatで「〜はなんだろう？」という意味です。ここでは「guardian deity（守り神）ってなんだろう？」と表現できます。

例文 I wonder what I should bring to the Amelia's birthday party.

アメリアの誕生日パーティーに何を持って行くべきかな。

❷ Not that anything can kill me,

否定文のときにanythingを使うことで「何も〜ない」という意味になります。キアラは不死鳥なので、「私を殺すものは何もない」というセリフになるのです。

例文 Calliope is not informed of anything.

カリオペはなにも聞かされていない。

❸ Perhaps this is my turn to shine.

perhapsは「多分、おそらく」という意味の副詞です。同じような意味に「maybe」がありますが、perhapsのほうが丁寧なニュアンスです。

例文 Perhaps Ina'nis will come.

もしかしたら、伊那尓栖が来るかもしれません。

❹ stick close so you don't get lost.

stick close 〜で「〜にぴったりくっつく」という表現になります。stick=「くっつく」に、close=「近い」とを合わせて強調しています。

例文 Gura! Just stick close to Kiara and Calliope.

ぐら！　キアラとカリオペにくっついていてね。

Key Topic

a guardian deity

「神」を英語で言うと「God」と思いがちだけれど、基本的にはキリスト教の神様、創造主を示す言葉なの。多神教の神様や神性を持った存在の場合は「deity」を使うよ。

b Ugh

スラング的な感嘆詞で、困ったときに「うーん」とか「うむ……」と声を出してしまうニュアンスだね。

c Follow me

「私についてきて！」「案内するからこっちに来て！」というフレーズ。最近は「SNSで私をフォローして」という意味でも使われるよ。

shine【動詞】輝く、照らす／ ahead【副詞】前方に、前もって
path【名詞】道、通り道／ tentacle【名詞】触手

 The ceiling is very high.

随分と天井が高いわ。

 Is this cave natural? Or, did someone dig it to create a passage?

この洞窟って自然にできたものなのかな？ それとも誰かが通路を作るために掘ったとか？

 I don't think this is **a** manmade. Oh, there's a crack in the ground. I'll mend it.

人工物って感じはしないかな。あ、地面にヒビが入ってるから塞いじゃうね。

 b Amazing! You're ❶ flattening out the ground instantly!

すごい、地面がみるみる平らになっていく！

 She's like a bulldozer.

ブルドーザーみたいだ。

 c Piece of cake. You know, I create 3D art. This work is similar to that.

余裕だよ。ほら、私って3Dアートを創るし、それと似たようなものかな。

 3D art? I don't understand ❷ the similarity between the two.

3Dアート？ そのふたつがどう似てるのかわからないわ。

Vocabulary ▷▷ ceiling【名詞】天井／ dig【動詞】掘る／ passage【名詞】通路
crack【名詞】割れ目、ひび／ mend【動詞】繕う、直す

Oh, stop. A big rock. I'll move it aside.
あ、待って。大きな岩があるから脇にどかすね。

And she insists she's human? ❸ Who's going to believe that?
これで人間って言い張るんだよ？　そんなの誰が信じる？

Grammar Point

❶ **flattening** out the ground instantly!

flattenは「平らにする」「平たく伸ばす」「ぺちゃんこにする」という動詞です。ここでは地面を平らにならしているという意味で使っています。

例文 Kiara flattened her enemies in the game.
ゲームの中でキアラは敵をぺちゃんこにした。

❷ the **similarity between** the two.

similarity between 〜で、〜にあたるものの「類似性」や「類似点」を表します。ここのthe twoは、直前まで話していた「地面を平らにすること」と「3Dアート」になります。

例文 Consider the similarity between Ina'nis's tentacles and an octopus.
伊那尔栖の触手とタコの類似性を考えてみよう。

❸ **Who's going to believe** that?

Who is going to + 動詞の原型〜？　で「誰が〜するのですか」という表現になり、未来のことを尋ねる疑問文になります。

例文 Who's going to make Gura's lunch today?
今日のぐらの昼食は誰が作るのだろう？

Key Topic

a manmade

「人間の手で作られた」「人工的な」「人為的な」という意味の言葉よ。反対に自然や天然由来のときは「natural」を使うわ。

b Amazing!

「すごい！」「驚いた！」「すばらしい！」というときの感嘆詞よ。驚きが大きいときに使うわね。

c Piece of cake

直訳すると「一切れのケーキ」になるけれど、これで「すごく簡単！」「それくらい余裕」「朝飯前だよ！」という意味になるの。

flat【形容詞】平らな／ instantly【副詞】すぐに、即座に／ similar【形容詞】似ている、同様の
aside【副詞】わきに、傍に／ believe【動詞】信用する、信じる

Did you say something Kiara?

キアラ、何か言った？

 a Nothing! Nothing at all!

いや、何でもないよ！

 Your back is **b** strikingly beautiful, Ina.

イナの背中って本当に綺麗ね。

 Hey, **❶** don't make things weird. Wait, I'm hearing something.

ちょっと、変なこと言わないでよ……待って。何か聞こえる。

 Me, too! Is it **❷** the sound of water flowing?

わたしも！　水が流れる音かな？

 Look, it's a spring! There's a hole in the roof, so we can see the sky! How about taking a break here?

見て、泉だ！　天井に穴が空いてて空も見える！　ここで休憩していかない？

 c Agreed!

賛成！

使ってみよう！

イナの背中って
本当に……。

「素敵」だと褒めたいときの英語表現

gorgeous

衣装や装飾の華やかさのほか、その人の魅力が「美しい」「見事」と伝えたいときの言葉。

pretty

「可愛らしい」「魅力的」「綺麗」と伝えたいときの言葉。「可愛い」以外のときにも使える。

fantastic

「非常にすばらしい」「とても素敵」と伝えたいときの言葉。感動していることを強調する表現。

handsome

「美しい」「整ってる」と伝えたいときの言葉。「ハンサム」って日本語でも言うよね。

brilliant

「見事」「立派な」と伝えたいときの言葉。イギリスのほうで使われやすい表現。

great

「すばらしい」と伝えたいときの言葉。goodやniceよりもさらに上の表現。

Vocabulary ▶▶ back【名詞】背中／strikingly【副詞】際立って、著しく

Grammar Point

1 don't make **things weird.**

weirdにはネガティブな意味での「奇妙な」「変な」という意味があります。things weirdは「変なこと」という表現になり、don'tで打ち消しをしているため、「変なことを言わないで」と訳します。

例文 Gura, please don't do anything weird.
> ぐら、頼むから変なことをしないでね。

Ina'nis had a dream that things weird happened last night.
> 伊那尓栖は昨夜、変なことが起こる夢を見た。

2 **the sound of** water flowing?

the sound of ～は「～の音」です。water flowingは「水が流れている」という意味なので、「水が流れている音」と訳します。

例文 Now that's the sound of Amelia spilling water.
> 今のはアメリアが水をこぼした音だ。

Kiara was awakened by the sound of an alarm clock.
> キアラは目覚まし時計の音で目覚めた。

Key Topic

a **Nothing**

何も存在しないことや、無価値なことを意味する言葉。ネイティブでは、会話のときに「なんでもないよ」ってはぐらかしたり、ごまかしたりするときにも使うよ。

b **strikingly beautiful**

strikinglyは「際立って」「著しく」という意味だよ。「とっても素敵、美しいわ！」ってことね。

c **Agreed**

「賛成」「同感」「同意」と、相手と意見が一致していることを伝えるひと言ね。私も、歩きっぱなしでもう疲れたよ……。

---

flow【名詞】流れ、フロー／spring【名詞】泉、源泉、春／roof【名詞】天井、屋根

Chapter 10

どんな世界でも猫はかわいい
Cats Are Cute in Any World

 This rock's shape looks like a bench!

この岩の形、ベンチみたいになってるよ！

 Yeah, it's the right height, too. Let's have a seat and take a rest.

うん、高さも丁度いいし、座って休憩しましょう。

 Ugh. My legs are tired.

はー足が疲れちゃった。

 We have walked a lot.

結構歩いたからね。

 ❶ Streamers tend to be out of shape. We're lucky we can dance in concerts and ⓐ get some exercise.

配信者って体調を崩しがちよね。私たちはライブで踊っていくらか運動できるからまだいいほう。

 Kiara, ❷ bring out the emergency food! I'm hungry.

キアラ、非常食出してよ。お腹空いた。

Vocabulary ▶▶ shape【名詞】形／height【名詞】高さ、身長、高いところ

No, this is not an emergency.
いや、今は緊急じゃないでしょ。

 Well, I'm hungry, and that's always an emergency!
わたしがお腹空いてるんだけど、それって常に緊急事態じゃん！

 b Sigh. Just one, okay?
はぁ。ひとつだけだよ？

 Hey, is there really a guardian deity here? We haven't seen **c** any sign of it.
ねえ、守り神って本当にここにいるのかな？　全くそんな気配しないけど。

Grammar Point

❶ Streamers **tend to be** out of shape.

tend to ＋動詞で「〜の傾向がある」「〜しがちである」という表現です。Streamersは「配信者」、out of shapeは本来の形から崩れることを指し、ここでは「体調を崩す」という意味です。

例文 Ina'nis tends to be overwhelmed.
　　　伊那尔栖は無理をする傾向にある。

❷ **bring out** the emergency food!

bring out 〜で「〜を持ち出す」「〜取り出す」「〜連れ出す」という意味があります。ここでは「非常食（emergency food）を取り出して」と訳します。

例文 Gura, bring out a cake from a refrigerator.
　　　ぐら、冷蔵庫からケーキを持ってきて。

Key Topic

a get some exercise

get exerciseで「運動をする」という意味になるよ！　歌って踊るのっていい運動だよね！　わたしもダンスだったら好きだな！

b Sigh

「はぁ〜」というため息のこと。呆れたり、がっかりしたりしたときに言使うの。ひどいよ、キアラ！　空腹は緊急事態だよ！

c any sign of it

sign of 〜で「〜の兆候」「〜の気配」「〜の証」という意味になるよ。

rest【名詞】休憩、休み／ exercise【名詞】運動

We have to find the cat too.
あと猫も見つけないとだよね。

Well, a cat wouldn't be in a cave, would it?
でも洞窟の中に猫なんていないわよね？

a It's possible. Cats do love dark places, after all.
あり得るよ。猫はきっと暗いところが好きだもの。

But there's no food here. We haven't seen any mice, b for example.
でもここには食べ物がないよ。たとえば、ネズミなんかも見ないし。

Though there were plenty in your house, Kiara.
キアラの家にはたくさんいたのにね。

Not anymore! …I think.
もういないよ！　……多分。

Hey, I saw something bright over there just now.
ねえ、今向こうで何か光が見えたわ。

Where?
どこ？

Over there! ❶ Right next to that rock.
あっち！　あの岩のすぐ横。

Oh! Cat eyes!
あ！　猫の目だ！

You're right! A cat with a giraffe pattern!
本当だ！　キリン模様の猫！

Hey, c kitty! Come here!
猫ちゃ〜ん！　こっちおいで〜！

❷ She's being cautious.
警戒してるみたいだね。

after all【副詞句】結局、要するに／ mice【名詞】ネズミ (mouse) の複数形
plenty【代名詞】たくさん、多くの、豊富

Don't be scared!
怖がらないで〜！

Oh, she's coming. Hmm?
お、近づいてきたね……ん？

Ah.
あっ。

Ah! The cat stole my rice ball!
あっ！　猫がわたしのおにぎり盗んだ！

Grammar Point

❶ Right **next to** that rock.

next to 〜は「〜の隣に」という表現です。ここでは、さらにright=「まさに」がついているのでで「すぐ隣に」という意味になります。

例文 Kiara was not next to Calliope.
　　　キアラはカリオペの隣にいなかった。

❷ **She's being** cautious.

主語 + be + being + 形容詞 で、そのときの状態、性格や性質を表すことができます。ポイントなのは、その状態が普遍的なものではなく、一時的であるということです。

例文 Calliope is being lazy today.
　　　今日のカリオペは怠惰だ。

Key Topic

a It's possible

「十分にあり得る」「それが起こってもおかしくない」という意味の言葉だね。さ〜て、猫ちゃんは洞窟にいるのかな〜？

b for example

for exampleは、「例えば」と代表的なひとつを挙げるときに使うよ。
文頭、文の途中、文末のどこにでも置けるんだ！

c kitty

「子猫」のことを指す意味だけど、おもに猫のことを「猫ちゃん」と親しみを込めていう言うときに使うよ。

kitty【名詞】子猫／ cautious【形容詞】慎重な、気をつける
scared【形容詞】おびえた／ steal【動詞】ものを盗む

❶ She's truly a thieving cat. Kono dorobo neko!

まさに泥棒猫だね。コノドロボウネコ！

 Catch her!

捕まえよう！

 a So much for resting.

休憩はこれでおしまいね。

 b Back to work. We can take a well-deserved rest at the inn after we've completed all the missions.

仕事に戻りましょ。全部のミッションを解決したら宿でゆっくり休めるはずだから。

 You're right. ❷ I'll do my best.

そうね、頑張る。

 The cat's running deeper into the cave. I hope she'll be safe.

あの猫、奥深くまで走っていっちゃう。大丈夫だといいけど。

 c Gimme back my rice ball!

わたしのおにぎり返せ〜！

 Hmm? There's a bright area in the back.

ん？　奥のほうに明るい場所があるね。

 Look! The cat stopped.

あ、猫が止まったよ。

 What's this space?

何だろうこの空間。

 Hey, that rock just moved!

ねえ、今あの岩動いたよ！

 It's not a rock! Is that a... dragon?!

いや岩じゃないよ。あれは……ドラゴン!?

Vocabulary ▷▷　well-deserved【形容詞】受けて当然の、受けるに値する
truly【副詞】本当に、まさに／ thieving【名詞】窃盗、盗み

Grammar Point

❶ She's **truly** a thieving cat.

truly ＋形容詞で「本当の〜」「まさに〜」という意味になります。後ろに続くthieving cat「泥棒猫」を強調する表現です。似た表現に「really」がありますが、こちらは「現実」というニュアンスが強いのに対し、trulyは「嘘偽りなく」という意味合いがあります。

例文 The first concert was truly unforgettable.

ファーストコンサートは本当に忘れられないものだった。

Ina'nis's paintings are truly amazing.

伊那尔栖の描いた絵は本当に素晴らしい。

❷ I'll **do** my best.

I'llはI willの短縮形です。ここでは未来の推定ではなく、主語 ＋ will ＋ 動詞の原形で「〜する意志がある」「〜するつもりだ」という話し手による強い意思表示を表します。

例文 Gura will study Japanese.

ぐらは日本語を勉強するつもりだ。

I will see Calliope tomorrow.

私は明日、カリオペと会うつもりだ。

Key Topic

a So much for

so much for 〜で「〜はこのくらいにしておく」「〜はもうおしまい」と、終了や邪魔が入って終わりになる場合に使う、口語的表現だよ。休憩できると思ったのに、まったくできなかったなぁ……。

b Back to work

仕事や作業などを再開するときに使う言葉で、休憩から戻るときに使ったりするよ。……まったく休憩できていないけどね……。

c Gimme back

gimmeはgive meのスラング。gimme backは「返して！」という意味になるよ。猫ちゃん、ぐらにおにぎりを返してあげて〜！

inn【名詞】宿、宿屋／dragon【名詞】竜、ドラゴン

Uuu… .

ウウウ……。

It's half-buried under the rubble and can't move.　**a** Poor thing.

瓦礫に半分埋もれて身動きが取れないのね。可哀想に。

Did the ceiling collapse on it? There's a big hole up there.

天井が崩れちゃったのかな？　上に大きな穴があいてる。

My rice ball!　**b** Found it!

わたしのおにぎり！　見つけた！

The cat stole the rice ball to give it to the dragon. Because the dragon can't go outside to get food.

猫はこのドラゴンに渡すためにおにぎりを盗んだのね。ドラゴンは外に食べ物を捕りにいけないから。

But a rice ball ❶ isn't nearly enough for him. ❷ He has such a huge body.

でもおにぎりなんかじゃ全然足りないよね。こんなに身体が大きいんだから。

Is this dragon the village's guardian deity?

このドラゴンが村の守り神なのかな？

What if he's not? If he's evil, **c** we'd better leave him buried under the rocks.

もし違ってたらどうしよう。悪いやつだとしたら、岩の下に埋もれたままにしておいたほうがいいよ。

Do you remember what I said when we entered the village? That I thought the sculptures at the entrance was really cool.

村に入ったときに私が言ったこと覚えてる？ 入り口の彫刻が凄くクールだって思ったのよ。

Grammar Point

❶ a rice ball **isn't** nearly **enough** for him.

not enough で「不十分な」「足りない」を意味し、日常会話ではよく使われる表現です。そこに「ほぼ」という意味のnearlyが入ることで「ほとんど」「到底」と十分ではないことを強調します。

例文 The cake Kiara brought was not big enough for everyone to eat.

キアラの買ったケーキは、みんなで食べるには十分な大きさではなかった。

❷ He has **such a huge body.**

「such ＋ 名詞」の形は、suchの代表的な用法のひとつで、「このような～」「そのような～」「なんて～」などの意味で使われます。会話の中で出てきた物事を受けたり、それを強調するときに使います。

例文 Calliope couldn't believe Kiara said such a thing.

カリオペはキアラがそんなことを言うなんて信じられなかった。

Key Topic

a **Poor thing**

「かわいそうに」「気の毒に」と声を掛けるときのフレーズね。基本的に目上の人には使ってはいけない言葉よ。

b **found it**

探していたものを「見つけた！」「発見した！」「あったよ！」と言うときの言葉ね。

c **we'd better**

「We'd better」は「We had better」を短縮した表現。「～したほうがいい」という意味なの。

rubble【名詞】がれき／ huge【形容詞】巨大な／ sculpture【名詞】彫刻

カリオペ

Yeah, I remember.

ええ、覚えてるわ。

 **伊那爾栖**

This dragon looks exactly like that sculpture. ❶ It was probably modeled after him.

このドラゴン、まさにあの彫刻にそっくりなの。きっと彼をモデルにしたんだよ。

 キアラ

Then he must be the guardian deity. He is **a** pretty majestic and beautiful.

じゃあきっと彼が守り神だね。すごく厳かで綺麗だし。

 ぐら

He couldn't be evil if he can make friends with a cat. Let's help him!

猫と友達になれるんなら悪いやつじゃないはずだよ。助けてあげよう！

 アメリア

Yeah, **b** but how?

そうね。でもどうやって？

 キアラ

Ina, can you do something with your tentacles?

イナの触手でどうにかできない？

 伊那爾栖

There are too many rocks. And even if I remove them, there's nowhere to put them. It could take hours.

瓦礫が多すぎるんだよね。どかしても置ける場所がないし、ものすごく時間かかりそう。

 キアラ

❷ We can't do anything here by ourselves. I'll call a people from the village.

私たちだけじゃどうしようもないよ。私、村から人を呼んでくる。

 ぐら

I'll bring the goblins. I'm sure they'll help us.

わたしはゴブリンたちを連れてくるよ。きっと手伝ってくれると思う。

 アメリア

OK, I'll wait for you all here. Take care!

じゃあここで待ってるから。気をつけてね！

 キアラ

c See you later! Let me borrow a torch!

じゃああとで！　たいまつ借りるね！

Vocabulary ▶▶ majestic【形容詞】荘厳な，威厳のある／ remove【動詞】除く，取り去る
evil【形容詞】邪悪な

Grammar Point

1 It was probably **modeled after** him.

modeled after 〜で、「〜をモデルにする」「〜を手本にする」「〜を模倣する」という意味になります。
ここでのhimはドラゴンを示しています。

例文 This character was modeled after Kiara.

> このキャラクターはキアラをモデルにして作られた。

> Gura's costume is modeled after a shark.

> ぐらの衣装はサメをモデルにしている。

2 We **can't do anything** here by ourselves.

can't do anythingで「どうにもならない」「手も足も出ない」「解決する術がない」という表現です。

例文 Ina'nis can't do anything in this situation.

> 伊那尔栖はこの状況では何もできない。

> Without evidence, even a great detective can't do anything.

> 証拠がなくては名探偵も何もできない。

Key Topic

a pretty majestic

日本の人たちはPrettyを「かわいい」という意味で覚えている人が多いよね。
でも実はpretty + 形容詞で「とても〜」「非常に〜」と強調する表現になるんだ。

b but how

butは「しかし」、howは「どのように、どのくらい」なので「しかし、どうやって?」「でも、どうやって?」という意味になるよ。

c See you later

その場を離れるときには「行ってきます」「あとでね」と言ったり、別れるとき
に「じゃあね」「またね」と挨拶をするときに使えるよ。

---

a Be right back!

すぐに戻ってくるから！

❶ I'll go take a good look at the rocks from above. I'll look for the best spot to start clearing the rubble.

私は上のほうから瓦礫をよく見てくるよ。崩し始めるのに良さそうな所を探してみる。

Ina, ❷ you take care, too!

イナも怪我しないようにね！

I will.

はーい。

Calli, ❸ can I ask you something?

……カリ、聞いてもいいかな？

What?

何？

I might be overthinking this, but are you hiding something from us? **b** Is something bothering you?

これは考え過ぎかもしれないけど、何か私たちに隠してることない？　何かに困ってるとか？

What are you talking about?

何のことを言ってるの？

Nothing. **c** Forget it.

なんでもない。忘れて。

above【前置詞】〜の上に、〜を超えて／ clear【動詞】片づける、きれいにする
overthink【動詞】考え過ぎる

Grammar Point

❶ I'll go take a good look at the rocks from above.

take a look atは「～を見る」「～を観察する」という意味です。ここではgoodがついているため「よく見る」「しっかり観察する」と程度が高いことを示します。

例文 Amelia takes a good look at Kiara's expression.

アメリアはキアラの表情をよく見た。

❷ you take care, too!

take careは「気をつけてね」「元気でいてね」という表現です。文末にtooをつけることで、「～も」となるため、「あなたも気をつけてね」という意味になります。

例文 You take care when walking on dark streets, Gura.

暗い道を歩くときは気をつけてね、ぐら。

❸ can I ask you something?

「ちょっと聞いてもいい？」「尋ねてもいいですか？」とフランクに尋ねる表現です。また、something + 形容詞にすることで「～なことを聞いてもいい？」とすることもできます。

例文 Can I ask you something? How do you think we can make our listeners happy?

ちょっと聞いてもいいかな？　どうしたらリスナーは喜んでくれると思う？

Hey Ina'nis, can I ask you something scary? How many calories are in that food you're eating?

ねえ、伊那尔栖、ちょっと怖いこと聞いてもいい？　あなたが食べてるもの、何カロリー？

Key Topic

a Be right back

作業中にその場を離れるときに使う言葉で、「すぐに戻るね！」というフレーズになるよ。rightには「すぐに」という意味があるの。

b Is something bothering you?

「何か悩みがあるの？」「何か気になっていることや困っていることがあるの？」と尋ねるときに使う表現だよ。友達に悩みごとがあるなら、解決してあげたいよね！

c Forget it

「今のは忘れて！」「なんでもない！」「気にしないで！」というニュアンスで使われる言葉だよ。

hide【動詞】隠す／bother【動詞】悩ます、迷惑をかける／forget【動詞】忘れる

 a I'm back! I brought some **b** tough-looking goblins!

ただいま！ 屈強そうなゴブリンたちを何人か連れてきたよ！

 I'm back with some villagers too! And we brought some useful equipment, like ropes and helmets.

私も村の人たち何人か連れてきた！ それとロープとかヘルメットとか、便利な装備をいくらか持ってきたよ。

 c You're back, both of you! **❶** Did you set things straight between the villagers and the goblins?

ふたりともおかえりなさい。村の人たちとゴブリンたちってもう誤解は解けたの？

 Yeah. **❷** They talked it out and now they're friends.

うん。彼らは話し合って、今じゃもう仲良しだよ。

 Okay, that makes it fifteen of us, including ourselves.

さて、これで私たちも入れて15人になったね。

 We even have a cat!

猫もいるよ！

Vocabulary ▶▶ tough【形容詞】たくましい、屈強な／ useful【形容詞】役立つ、実用的な
equipment【名詞】備品、設備／ rope【名詞】縄

❸ Wish us luck, kitty.
猫ちゃんは幸運を祈ってて。

Then, let's rescue the dragon!
それじゃ、ドラゴンを助けましょう！

Grammar Point

❶ Did you set things straight between the villagers and the goblins?

set things straightで「誤解を解消する」「いざこざを解決する」という意味になります。between A and Bは「AとBの間の」となるので、ここでは村人とゴブリンの間の問題を指しています。

例文 I set things straight between Kiara and Calliope.

私はキアラとカリオペの間の誤解を解消した。

❷ They talked it out and now they're friends.

talk it outで「話をつける」「とことん話し合う」ことを表します。また、文中にnowを入れることで、「今」を強調した表現になります。

例文 You should talk it out with Gura.

ぐらとしっかり話し合うべきだ。

❸ Wish us luck, kitty.

Wish + 人 + 名詞は「〜でありますように」という願望表現のフレーズです。そのため、wish us luckは「私たちの幸運を祈ってほしい」という文になります。

例文 I wish Amelia good health.

私はアメリアの健康を祈っている。

Key Topic

b tough-looking

「屈強に見える」という表現だよ。ゴブリンさんたちは、みんな逞しくて強そう！　でも、音楽が好きで心優しい友達なんだよ！

a I'm back **c You're back**

それぞれ「ただいま」「お帰りなさい」を表すフレーズだよ！　ここのbackは「戻ってきた」という意味だね。ほかに、長い間留守にしていた人に「お帰りなさい」と言いたいときは、Welcome backと言ったりもするよ。空港とかで聞いたことある？

---

helmet【名詞】ヘルメット／ including【前置詞】〜を含めて／ rescue【動詞】救出する、助ける

Yeah!
おー！

 Ina, tell us what to do?
イナ、私たちは何をしたらいい？

 I'll remove the rubble from the top, and I want you to carry it out and dump it outside.
私が上から瓦礫をどかすから、みんなはそれを運び出して外に捨ててほしいの。

 Roger that. I'll let the goblins know.
了解。ゴブリンたちに伝えるね。

 ❶ We can dump it through the gap in the wall.
この壁の隙間から捨てられそうだよ。

 a Those who are not so strong can tie the rubble with a rope.
あまり力持ちじゃない人は瓦礫にロープを結びつけるのならできるかな。

 We could also pass it along b from hand to hand.
手から手へリレーするのもいいかも。

 ❷ Be careful not to hurt the dragon. And don't get hurt yourself!
ドラゴンを傷つけないように慎重にね。みんなも怪我しないように！

 c Hang in there, Mr. Dragon! You'll be free soon.
ドラゴンさん頑張って！　すぐに開放されるからね。

 This is going pretty well.
かなり順調にいってるよ。

 Graaawr! Shark power!
うおおおサメパワー！

 ❸ The rubble heap is getting smaller and smaller.
瓦礫の山がどんどん小さくなっていくわね。

dump【動詞】（どさりと）下ろす、投げ捨てる／ pass【動詞】通す、渡す、（時間が）過ぎる
Roger【感嘆詞】了解、ラジャー

Grammar Point

1 We can dump it **through the gap in** the wall.

Through + 名詞句で「〜を通して」「〜抜けて」、gap in 〜で「〜の隙間」「〜の割れ目」という意味になるため、ここでは「隙間を通して〜できる」と訳します。

例文 Gura chased the cat through the gap in the wall.

ぐらは猫を追いかけて、壁の隙間を通り抜けた。

2 **Be careful not** to hurt the dragon.

be careful + 動詞の原形で「〜するように気をつけて」、not to 〜をつけることで「〜しないように気をつけて」という意味になります。

例文 Kiara, be careful not to eat too much chicken.

キアラはチキンを食べ過ぎないように気をつけてね。

3 The rubble heap is getting **smaller and smaller**.

比較級 + and + 比較級は「どんどん〜だ」「ますます〜だ」「だんだん〜だ」という表現です。状態の変化を表すis gettingと組み合わせることで「どんどん〜になる」となるため、getting smaller and smallerは「どんどん小さくなる」という意味になります。

例文 Calliope was getting sicker and sicker.

カリオペはだんだんと体調が悪くなってきた。

Gura is getting better and better at dancing.

ぐらはだんだんとダンスが上手になってきた。

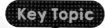

Key Topic

a Those who

those who 〜で、「〜する人々」「〜という人々」といったニュアンスで使われる表現だね。whoの後ろでそれがどんな人たちなのかを表すの。

b from hand to hand

「手から手へ」「次々と人手に」という意味ね。こういうのなんて言うんだっけ、バケツリレー？

c Hang in there

しんどい状態の人に「頑張れ！」「もう少しの辛抱」と励ますときのフレーズだよ。ドラゴンさん、あとちょっとで助けてあげるからね！

careful【形容詞】注意深い、入念な／ heap【名詞】堆積、塚

Careful, the dragon's trying to move! Oh, the rubble's sliding off it!

気をつけて、ドラゴンが動こうとしてるよ！ ……あ、瓦礫が崩れる！

 Ina! Are you okay?!

イナ！ 大丈夫!?

 a Don't worry, I'm fine.

大丈夫、平気だよ。

 The rescue operation is a success. Well done, guys.

救出作戦、成功だね。みんなよくやったよ。

 Hey, Dragon. **b** How are you feeling? Are you in pain?

ねえドラゴンさん、具合はどう？ 痛みはない？

 Uh, he's not going to attack us, is he?

えっと、彼って私たちを襲ったりしないのよね……？

 I don't think so.

しないと思うけど。

 Help! His tail got me!

助けて！ 尻尾に捕まった！

 Gura! Hey, **❶** are you trying to eat Gura?!

ぐら！ ちょっと、あなたぐらを食べようとしてるの!?

 Huh? **❷** He gently put me on his back.... .

あれ、背中にそっと乗せてくれた……。

 He's gesturing to us.

彼、私たちにジェスチャーしてるわね。

 Is he telling us all to **c** get on his back?

みんなも背中に乗れって言ってるの？

 Uh, is this really a good idea?

え、本当に大丈夫？

worry【動詞】心配する／ operation【名詞】作戦、操作
success【名詞】成功すること

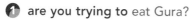
Grammar Point

❶ are you trying to eat Gura?

Are you trying + to +動詞で「〜をしようとしている？」「〜をするつもり？」と、相手の意図を確認する表現になります。

例文 What is Kiara trying to do by getting me drunk?
　　　キアラは私を酔わせてどうするつもりなの？

　　　Gura, what are you trying to hide?
　　　ぐら、何を隠そうとしているの？

❷ He gently put me on his back... .

put A on Bで「AをBに乗せる」「AをBに置く」という意味になります。ここではドラゴンが彼自身の背中にぐらを乗せたことを表しています。

例文 Amelia put the stuffed toy on Ina'nis's beautiful back as she was asleep.
　　　アメリアは寝ている伊那尔栖の美しい背中にぬいぐるみを置いた。

Key Topic

ⓐ Don't worry

「心配しないで」「大丈夫よ」と相手に伝えるフレーズよ。「〜について心配しないで」と伝えたいときには「Don' t worry about 〜」と伝えるの。

ⓑ How are you feeling?

病気や怪我など、具合が悪い人に対して、「気分はどう？」「調子はどう？」と体調や調子を尋ねるときに使うわ。元気な人には使わないので注意よ。

ⓒ get on his back

電車やバスなどの上に乗ったり中を歩き回れる乗り物はget on、自動車やタクシーなど中を歩き回れないものはget inを使うわ。

pain【名詞】痛み／ gently【副詞】優しく、そっと／ gesture【動詞】ジェスチャー、身振り

 Get on! **a** Come on, guys!

乗ろう！　みんなおいでよ！

 Now this is one crazy wild ride.

こいつはクレイジー・ワイルド・ライドですな。

 Everyone on board? Do we have the cat?

全員乗った？　猫はいる？

 Wow! We're flying!

わお！　私たち飛んでる！

 Amazing! **❶** Is he heading to the village?

すごい！　彼は村に向かってるのかな？

 No Pegasus, **❷** but we did manage to ride a dragon!

ペガサスはいなかったけど、なんとかドラゴンには乗れたね！

 Oh, what a beautiful sunset. The sun here's **b** thrice as bright as ours.

ああ、なんて綺麗な夕日。ここの太陽は私たちのより3倍明るい。

Vocabulary ▷▷ **on board**【形容詞句】（飛行機などの乗り物に）乗った、搭載された

I think I'll sketch it.
スケッチしておこうかな。

Make us look cool! We are the dragon riders!
わたしたちもカッコよく描いておいて！ 我らはドラゴンライダーだぜ！

c I got you!
了解！

Grammar Point

1 Is he **heading to** the village?

head toまたはhead forは「〜に向かう」「〜に行く」という表現です。どちらも同じような使い方をします。

例文 Gura was heading to the convenience store to buy an ice cream.
ぐらはアイスを買うためにコンビニに向かっていた。

2 but we did **manage to ride** a dragon!

manage + to + 動詞で「なんとか〜する」「どうにか〜を達成する」という意味になります。ここでは「ドラゴンに乗ることができた！」というニュアンスです。

例文 Amelia and Gura managed to catch the last train.
アメリアとぐらはなんとか終電に間に合った。

Ina'nis managed to escape from the creature.
伊那尔栖はなんとかそのクリーチャーから逃れることができた。

Key Topic

a Come on

Come onで「おいでよ」「来て」という意味になるよ。「急いで！」というニュアンスがつくこともあるんだ。

b thrice as bright as ours

数字+ as A as Bは倍数を表す表現だよ。例えばtwice as A as Bで「Bの2倍Aだ」、three times (thrice) as A as Bで「Bの3倍Aだ」という感じにね。

c I got you

「わかった」「了解」という意味ね。フランクな表現だから、フォーマルなところでは使わないほうがいいかも。

---

manage【動詞】どうにか成し遂げる、対処する／ thrice【副詞】3回、3倍

穴埋めトレーニング ❸

Lesson 3で勉強した文法を使って、文の穴埋め問題を解こう。
日本文の意味になるように、(　　　) の中に適する語を入れよう。

➡ 回答は153ページ

1　昨日ケンカして**以来**、母とは話していない。
I haven't talked to my mother
(　　　　　　) we had a fight yesterday.

....

2　彼女は何をしているん**だろう**。
I (　　　　　) (　　　　　　　　) she is doing.

....

3　彼らの作品には**類似点**がある。
There are(　　　　　　) (　　　　　　　) their works.

....

4　今日は**誰が**犬の散歩に行くの？
(　　　　　) (　　　　　　　　) going to walk the dog today?

....

5　この水は**変な**匂いがする。
This water smells (　　　　　　　).

....

6　彼は他人を信じすぎる**傾向がある**。
He (　　　　　) (　　　　　　) trust others too much.

7

今日の彼女はとても親切だ。

She is (　　　　) very kind (　　　　).

8

私は**十分に**寝れなかった。

I didn't sleep (　　　　).

9

この絵画は父の作品を**手本にして**作られた。

This painting was (　　　　) (　　　　)
his father's work.

10

彼女とよく**話し合う**べきだった。

I should have (　　　　) (　　　　) (　　　　)
with her.

11

寝坊しないように**気をつけて**。

Be (　　　　) not to oversleep.

12

どんどん暑くなっている。

It has been getting hotter (　　　　) hotter.

13

私は友人の家に**向かって**いた。

I was (　　　　) (　　　　) a friend's house.

＼ おさらい英単語 ／
地形 に関わる言葉

uphill
(発音)ʌphíl
【名】上り坂
【形】上りの、上り坂の

ground
(発音) gráund
【名】地面、土地、土

uneven
(発音)ʌníːvən
【形】①でこぼこした、平らでない
　　②不揃いな、ちぐはぐな

path
(発音) pæθ
【名】①道、通り道　②進路、道筋

large
(発音) láːrdʒ
【形】①大きい、広い　②広大な

ceiling
(発音) síːliŋ
【名】天井

crack
(発音) kræk
【動】ひびが入る、裂ける
【名詞】①割れ目、ひび　②隙間

flat
(発音) flæt
【形】①平らな、平たい　②単調な
【名】①平地　②平面

aside
(発音) əsáid
【副】わきに、傍らに

spring
(発音) spríŋ
【名】①泉、源泉　②春　③バネ
【動】跳ぶ、跳ねる

high
(発音) hái
【形】高い、高さ
【名】高いところ

bury
(発音) béri
【動】①埋める、埋蔵する　②埋葬する、葬る

ぐらの ビーチ で使える英語表現

ビーチボールを持ってきたから遊ぼう。

Hey, I brought a beach ball! Let's play with it!

「〜を持ってくる」はbring 〜だよ。

日焼け止めクリームはもう塗った？

Have you already put sunscreen on?

「あなたはもう〜した？」と質問するときは、Have you already 〜 .が定番。すでに〜し終っているかどうか確認するってニュアンスなら、Did you put on sunscreen?でもいいね。

泳ぐ前に準備体操をしないといけません。

You should warm up before you swim.

「〜したほうがいいよ」と言うときはshould。もっと強く忠告するならhave toやmustを使おう。warm upは、動かしたりして体を温めていくことだけど、実は人間関係が「温まる（うちとけていく）」ことにも使える！

クラゲと引き潮は危ないから、注意しよう。

We should be careful of jelly fish and the falling tide.

「気をつけて！／注意して！」は、Be careful!で決まり！　引き潮はlow tideとかebb tideと言ってもいいね、The tide is ebbing. （潮が引いている）とかさ。あ、currentと言うと潮流のことだよ。

更衣室はどこにありますか？

Where is the changing room?

更衣室はchanging room。場所を聞く表現はWhere is 〜で決まりだよ！

浮き輪を貸してもらえますか？

Can I rent a float ring?

floatは浮き具全般を指すよ。だからswimming floatやfloat toyと言えば、水に浮かべて楽しむ遊具のことだね。お金払って物を借りるときはrent、友だち間でタダでちょっと借りるのはborrowだ！

アメリアの オンラインゲーム で使える英語表現

あなたはどこの国の出身？
どのくらいこのゲームをプレイしてるの？

**Where are you from? How long
have you been playing this game?**

「Where are you from?」は、相手の出身国・地域を聞く決まり文句。How longも期間を尋ねるテンプレね。have you been playingという形にすることで、「ずっとプレイしている」「プレイし続けている」というニュアンスを出せるよ。

あなたのマイク、ミュートになっているみたい。

Your mic seems to be off.

「マイク」は正式にはmicrophoneだけど、英語でもmicと言うことが多いね。seems to ～は、「(目で見て) ～と感じられる」という表現。You are on mute, I think.（あなた、ミュート状態だと思う）でもいいよ。

そのアイテムもらってもいい？

Can I get the item?

Can I ～は、自分が何かしたいときの定番表現。もっと丁寧にお願いするならCould I ～になるけど、オンライン上でそこまでフォーマルになることはあまり無いんじゃないかな。

私たちがチャンピオンになるには
あと5人の敵を倒す必要があるみたい。

**We may need to defeat five
more enemies to be champions.**

defeat an enemyで「敵を (ひとり) 倒す、負かす」という意味。「あと何人の敵を？」と聞きたいときはHow many more enemies…?という言い方が使えるよ。「～みたい」とぼかしたいときはmayやmightを付けよう。

やられちゃったね。
そのキャラクター使いづらくない？

**So you lost?
Isn't that character a little
tough to use?**

defeat（負かす、打ち破る）を受け身にするとbe defeated（負かされた、やられた）になるよ。Maybe you should choose another character.（たぶん、あなたは別のキャラを選ぶべき）と言ってあげてもいいかも。

いまのミスは回線の
遅延のせいだよ。

**The mistake was
due to the lag.**

lagは「遅れ、遅延」のこと。「回線」はconnection（通信、回線、接続）と言うけど、lagだけで大丈夫。「回線（通信状況）が悪い」はI have a bad connection.とかMy internet is slow.と言い表せるわね。

122

LESSON 4

What was really needed
本当に必要だったもの

Chapter 13

冒険を振り返って
Looking Back on the Adventure

 Wow! What a gorgeous feast!

おお！ 盛大なごちそうだ！

 Will we be able to eat it all?

これ全部食べきれるかな？

 Piece of cake.

余裕だよ。

 Ahem. Then, let's **a** make a toast to celebrate peace with the goblins, the rescue of the dragon, and the return of the cat!

こほん、それじゃあゴブリンたちとの和解とドラゴンの救助と猫の帰還を祝して、乾杯！

 Cheers!

乾杯〜！

 Guh! ❶ There's nothing like a good drink after physical work. I can feel alcohol seeping into my body… .

んがぁ！ 肉体労働の後に飲むのは最高ね。身体にアルコールが染み渡っていくのを感じるわ。

Vocabulary ▶▶ gorgeous【形容詞】素晴らしい、豪華な／feast【名詞】祝宴、ごちそう、楽しみ
celebrate【動詞】祝う、祝典をする

Maybe I'll have a drink too, since it's a celebration. This "Champagne of Another World" looks nice.

わたしも飲んじゃおうかな、せっかくのお祝いだし。この「異世界シャンパン」ってのがよさそう。

 Gura, don't drink till you **b** pass out. I'm warning you.

ぐら、気を失うまで飲まないでよ。忠告しておくけど。

 c Come to think of it, everything was caused by the absence of the guardian deity. That was the reason why the goblins came to the forest and the cat disappeared.

よく考えたら、守り神の不在が全ての原因だったね。森にゴブリンが来たのも猫がいなくなったのも、それが理由だった。

Grammar Point

1 There's nothing like a good drink

直訳すると「〜のようなものはない」ですが、「〜より素晴らしいものはない」「〜に限る」という表現になります。likeの後ろには名詞が入ります。

例文 There's nothing like a warm hug from Amelia.

アメリアからの温かいハグほど素晴らしいものはない。

There is nothing like Calliope's singing voice.

カリオペの歌声に勝るものはない。

Key Topic

a make a toast

日本語でトーストと言えば、こんがり焼いた食パンのことだけど、「乾杯、祝杯、乾杯の挨拶」という意味になるの。

b pass out

口語的な表現で「意識を失う」「気絶する」「倒れる」という意味だよ。

c Come to think of it

「よく考えてみると」「そういえば」の意味で、文頭で使われるフレーズ。何かを思い出したとき、話題を変えるときに頻出するカジュアルな口語として覚えてね。

physical【形容詞】身体の、身体的な／ seep【動詞】染みこむ、行き渡る
warn【動詞】警告する、注意する／ absence【名詞】不在、欠席／ reason【名詞】理由

Yeah. I'm glad everything ❶ turned out well in the end. **a** All's well that ends well.

そうだね。最終的には全部うまくいってよかった。終わりよければ全てよし。

We didn't even have to pay for this feast, and the hotel owner told us to stay for as long as we wanted. We're being treated like heroes.

このごちそうの代金も払う必要なくって、宿屋さんは好きなだけ長く滞在しなって言うし、まるでヒーローみたいな扱いを受けちゃってるね。

It's good we didn't need to kill anyone. Killing would have made us ❷ anti-heroes.

誰も殺す必要がなくてよかったわ。殺しちゃったらアンチヒーローになってただろうから。

But we haven't figured out how to go back to our own world yet. ❸ Even though we solved all the problems in this village… .

でもまだ元の世界に帰る方法は見つかってないんだよね。村にある「問題」は全て解決したはずなのに……。

We can think about that tomorrow. Let's just enjoy the feast, take a bath, and relax today.

それは明日考えればいいじゃん。今日はただごちそうを楽しんで、お風呂にでも入って、のんびりしよう。

Tomorrow?

明日？

I want to go back **b** as soon as possible. Of course, I like the food here, but our fans are waiting for our concert.

私はなるべく早く帰りたいわ。もちろん、ここの食事は好きだけど、ファンのみんなが私たちのライブを待っているのよ。

I hope time hasn't passed in our world. What if they thought we went missing? The gossip sites would be filled with all kinds of nonsense.

元の世界の時間が進んでないといいね。もし私たちが行方不明になってたらみんながどう思うか。ゴシップサイトがありとあらゆるデタラメで埋め尽くされちゃう。

Vocabulary ▷▷ treat【動詞】取り扱う、もてなす／ figure out【句動詞】発見する、理解する

Grammar Point

① turned out well in the end.

Turn out + 形容詞（副詞）で「結局〜だとわかる」「〜の結果になる」となります。その状態で終わるというニュアンスで使われます。turn out+ to beや、turn out + that節の形でも使えます。

例文 Kiara cooked the fried chicken and it turned out great!

キアラが調理したフライドチキンは素晴らしい出来栄えだった！

Gura's approach turned out to be wrong.

ぐらのやり方は結局間違っていることがわかった。

② anti-heroes.

antiは「反〜」「対〜」など逆を意味する接頭辞であり、「反対者」という名詞でもあります。日本でもファンとは対極の立場をとる人を「アンチ〜」と呼ぶのと同様に使います。

例文 Amelia's anti-morning person vibes are so relatable.

アメリアの朝が苦手な感じ、超わかるよ。

③ Even though

even though 〜は「〜にもかかわらず」「それでも〜」という意味です。フレーズを強調するときに用いられ、文頭、文中で使用できます。

例文 Gura streamed even though she was sick yesterday.

昨日は具合が悪かったにもかかわらず、ぐらは配信をした。

Even though Kiara is phoenix, she is in human form.

キアラは不死鳥にもかかわらず、人間の姿をしている。

Key Topic

a All's well that ends well

日本語でもよく使われる「終わりよければ全てよし」にあたることわざだよ。使い方も同じね。

b as soon as possible

「できるだけ早く」という意味よ。省略してASAPと表記することも多いの。アルファベットの大文字は強調を表す場合があるから、ASAPというメッセージが来たらすぐに対応して！

fill with【句動詞】〜で埋める、〜で満たす

I wish we could do an off-collab stream, since we're all together. I've also **a** been aching to get on Twitter **b** all day long.

せっかくみんな一緒なんだし、オフコラボ配信ができたらなぁ。それとTwitterも触りたくて一日中ずっとうずうずしてる。

Of course I want to go back home, too. But how? What, in fact, is the problem we're supposed to solve? Nothing happened even after we completed all of the village's requests.

もちろんわたしも帰りたいよ。でも、どうするのさ？ 実際のところ、私たちが解決するはずの「問題」って何なの？ 村の依頼を全部解決しても何も起こらなかったし。

❶ Actually, I've thought of something. Would you guys hear me out?

実は、考えたことがあるんだけど。みんな、聞いてくれない？

Oh, **c** here comes the ❷ super sleuth to unravel the mystery.

おー、謎を解明するためにスーパー探偵のお出ましだね。

Let's hear your hypothesis, Dr. Watson.

君の仮説を聞こうじゃないか、ワトソン君。

Yes, tell us, Amelia. It might give us some clue to the problem.

アメリア、話してちょうだい。それが「問題」の手がかりになるかもしれないし。

All right then. Let me talk about you two, Calli and Kiara.

それじゃあ、あなたたちについて話させて。カリとキアラ。

Vocabulary ▷▷ ache【動詞】疼く、痛む／ fact【名詞】事実／ sleuth【名詞】探偵

Grammar Point

① **Actually**, I've thought of something.

actuallyは相手の発言に対して、否定や訂正、追加をするときに使う副詞です。「実は〜」「本当は〜」
という意味になり、それに続く内容を際立たせます。

例文 Gura looks young, but she's actually over 9000 years old.

ぐらは若く見えるが、実は9000歳以上だ。

I kept it a secret from Ina'nis, but I was actually preparing for her
birthday party.

伊那尔栖には内緒にしていたが、実は彼女の誕生日パーティーの準備をしていた。

② super sleuth to **unravel the mystery**.

unravelには「絡んだ糸などをほどく」という意味があり、転じて「謎などを解く」という意味があります。
ここでは名探偵が謎を解くことを指しています。

例文 Amelia determined to unravel the mystery of the missing socks in
the laundry.

アメリアは洗濯物から靴下がなくなった謎を解明しようと決意した。

Key Topic

a been aching to

acheは本来は「傷」「傷が疼く」の意味だけど、口語では「〜したくてたまらない」という場合でよく使われ
ているよ。

b all day long

「1日中」という意味の言葉だよ。longがつくと「1日中ずっと〜をしていた」
と「ずっと」を強調するんだ。

c here comes

「来た！」「やって来た！」と、待ちわびていたものが来たときのポジティブ
な気持ちを表すフレーズね。

unravel【動詞】解明する／hypothesis【名詞】仮説／clue【名詞】手がかり

Chapter 14

名探偵アメリア

Amelia, the Great Detective

 Now, this is elementary, ❶ in my opinion.

さて、私の意見としては、これは初歩的なことなのよ。

 Oh, you sound like a smart detective!

おお、まるで賢い探偵みたいだ！

 a "Elementary"! She said the thing!

「初歩的なこと」だってさ！

 Quiet.

静かにして。

 Sorry.

ごめん。

 b Go ahead, please.

続けて？

Vocabulary ▷▷ elementary【形容詞】初歩の、初等の／ opinion【名詞】意見、評価
smart【形容詞】賢い、頭がいい／ detective【名詞】探偵

I first noticed that something wasn't quite right during the rehearsal. We always get it perfect, but we were c way off.

最初に何かがおかしいことに気付いたのは、リハーサルをしていたとき。私たちはいつもなら完璧に合ってたのに、全然ダメだった。

Yeah, you're right.

それは、確かにそうね。

But ❶ what about it?

でもそれが何だって言うの？

Grammar Point

❶ in my opinion

「私の考えでは」「私の意見では」という意味です。「I think」と同じ意味ですが、自分の意見を述べるときはin my opinionのほうが少しかしこまった表現になります。

例文 In my opinion, that Kiara's stream was a masterpiece.

私の意見では、そのキアラの配信は傑作でした。

❷ what about it?

what about + 名詞は「〜はどうなの？」という表現です。ここで使っているwhat about it?は口語的表現でもよく使用する言葉で、相手の出した話題に対して「それがどうした？」「だから何？」というニュアンスです。

例文 What about our manager? Is she coming?

マネージャーはどうなの？　来るの？

Key Topic

a "Elementary"

「初歩的なこと」「初級の」「簡単な」という意味の言葉よ。日本で言う「小学校」のことをアメリカではelementary schoolと言うわね。

b Go ahead

「さあ、どうぞ」「進めてください」と相手が何かをはじめるときに促す言葉よ。

c way off

「遠く離れた」という意味だけど、ここでは相手の発言や行動が実際の答えとははるかに遠い＝「全然違う」という意味で使われているの。

quiet【形容詞】静かな／notice【動詞】気づく、見つける
quite【副詞】かなり／during【前置詞】〜の間、〜の間ずっと

Before coming to this world, we had a ❶ dream in which we heard the words, "You will now be given a trial. Solve the problem by yourself. " ❷ First of all, I think this whole situation is "the trial".

この世界に来る前に夢の中で聞いた言葉、「これより試練を与える。自らの手で問題を解決してみせよ」について、まず、「試練」っていうのはこの状況そのものだと思う。

a You mean, coming to this world?

つまり、この世界に来ちゃったこと？

Yes. As for the problem, however, our analysis was wrong. The problems of this village were not the problem we were supposed to solve.

そう。ところが、「問題」については、私たちの読みは外れた。この村の問題は、私たちが解決するはずの「問題」じゃなかったの。

b What's your point?

……というと？

Ina, do you mind showing us your sketchbook?

イナ、スケッチブックを見せてもらってもいい？

Of course not. Here you are. But they're just drawings.

もちろん、はいどうぞ。でも、ただの絵だよ。

They are replacements for photos, right? Important records. And yeah, **c** I knew it. I don't see it anywhere.

これは写真の代わりでしょ？　重要な記録よ。そして……うん、やっぱり。どこにもないのよ。

See what?

何が？

A sketch with Calli and Kiara standing next to each other.

カリとキアラが隣同士に並んでいる絵がね。

Oh, right. I didn't notice at all.

本当だ。全く気がつかなかった。

Vocabulary ▶▶ situation【名詞】状況／ analysis【名詞】分析
wrong【形容詞】誤った、間違った／ replacement【名詞】置き換え、代わり

Grammar Point

① dream **in which** we heard the words,

前置詞の「in」と関係代名詞の「which」でふたつの文をひとつにすることができます。この場合、うしろの文で「dream」を修飾しているため、「私たちが言葉を聞いた夢」という意味になり、「夢の中で私たちが聞いた言葉」と捉えることができます。

例文 The city in which she was born is known for its historical landmarks.

彼女が生まれた街は、歴史的な名所で知られています。

That is the fast food restaurant in which Kiara works.

あれはキアラが働いているファストフード店です。

② **First of all,** I think

「最初」「一番の」という意味のfirstと「すべての中で」の意味のof allを組み合わせて、「まず第一に」「とりあえずは」という意味になります。

例文 First of all, Gura, please calm down.

とりあえず、ぐらは落ち着いてちょうだい。

First of all, I want to thank Ina'nis. I love the illustration you gave me for my birthday.

まずは、伊那尓栖にお礼が言いたい。あなたが誕生日にプレゼントしてくれたイラストが大好き。

Key Topic

a **You mean**

相手の発言について理解できなかったときに聞き返す言葉。「〜ってこと？」というニュアンスになるよ。

b **What's your point?**

「point」とは話の要点を指すから、こういう場面では「結局、何が言いたいの？」という意味で使えるよ。

c **I knew it**

直訳すると「私は知っていた」。こう答えることで「知らなかったけどなんとなく感じていた」というニュアンスを伝えられるの。日本語での「やっぱり」と同じ意味になるんだ！

record【名詞】記録、履歴

That's... **a** just a coincidence. **b** Not intentional.

それは……そんなのただの偶然よ。わざとじゃないわ。

It's not just that. You two haven't talked to each other at all today.

それだけじゃない。ふたりって今日一日中、お互い会話してないでしょ。

Really? Not even once?!

マジで？　1回も!?

Well, uh, that's... .

えっと、それは……。

c Spit it out. Are you two fighting?

白状してちょうだい。ふたりは喧嘩でもしているの？

We're just going through something awkward. ❶ It's not a big deal.

私たちはただ、気まずい感じになってるのよ。大したことじゃないわ。

It is when it affects your performances.

パフォーマンスに影響を与えるくらいなんでしょ。

Yeah, you're right. This may really be the "problem" we need to solve.

……うん、そうね。確かにこれは解決するべき「問題」かもしれない。

Calli... .

カリ……。

What happened between you? Is it something you can't tell us?

ふたりの間に何があったの？　私たちに話せないようなこと？

❷ Can I talk to Kiara alone?

キアラとふたりきりで話してきてもいいかしら？

Go ahead.

どうぞ。

Vocabulary ▷▷ coincidence【名詞】偶然／intentional【形容詞】意図的な

Okay, let's talk out in the balcony.
じゃあ、ベランダで話をしましょう。

 Fine.
わかった。

Grammar Point

❶ It's not a big deal.

dealにはいろいろな意味があります。ビジネスシーンでは「取引」、erをつけると「販売する人（ディーラー）」という意味になります。It's not a big dealは決まったフレーズで「大したことじゃない」「どうってことない」というよく使われる口語です。

例文 Ina'nis, don't be panic! It's not a big deal!
伊那尓栖、パニックにならないで！　大したことじゃないから！

❷ Can I talk to Kiara alone?

「alone」は「ひとりで」「ひとりきり」でというの意味ですが、「ふたりきり」など他に誰もいない状態を表すこともできます。

例文 Calliope wants to talk to you alone.
カリオペはあなたとふたりきりで話がしたい。

 Key Topic

a just a coincidence

justには「ただの」という意味があって、「これは偶然だよ！」っていうことを強調する表現になっているよ。

b Not intentional

intentionalには「狙い」「目的」という意味があるから、それを否定することで「狙い通りではない」「わざとではない」となるよ。

c Spit it out

「spit」には「唾を吐く」という意味があるけど、「白状しなさい」という場合で使うこともできるよ！

awkward【形容詞】不器用な、厄介な、気まずい／ affect【動詞】影響する

Chapter 15

カリオペとキアラの問題

The Problem Between Calliope and Kiara

The night breeze is cool.

夜風が涼しい。

Oh, the stars are strikingly beautiful.

あ、星がすごく綺麗だよ。

Yes, they are. The air must be really clear here.

ええ。ここはきっとホントに空気が澄んでるのね。

Calli, are you still a mad at me?

……カリ、まだ私に怒ってるの？

I was never mad at you in the first place.

はじめからあなたに怒ってなんかいないわよ。

Liar. You've been in a bad mood and avoiding me ❶ ever since that night.

嘘つき。あの夜からずっと機嫌悪いし、私のこと避けてるじゃん。

Well... You're right, Kiara. I'm sorry.

それは……確かにキアラの言う通りね。ごめん。

Vocabulary ▷▷ breeze【名詞】そよ風／ mad【形容詞】怒った／ liar【名詞】嘘つき

b Don't apologize to me. It was my fault.

謝らないで。私が悪かったんだもん。

 It wasn't your fault. It was just an accident.

あなたのせいじゃないわよ。あれはただの事故だった。

 c Even if I never meant to, I did hurt you, didn't I?

そんなつもりなかったとしても、あなたのことを傷つけちゃったでしょ？

 Yeah. I do admit I was a little hurt. But how I felt is not your fault. Don't blame yourself.

……そうね。少しだけ傷ついたことは認めるわ。でも私がどう感じたってあなたのせいじゃない。自分を責めないで。

Grammar Point

1 **ever since** that night.

since =「〜以来」と比べて ever since は「〜以来ずっと」と、より強調する表現です。

 Gura has been laughing ever since the last stream.

ぐらは前回の配信以来、ずっと笑いっぱなしです。

Amelia has been wanting to do this ever since she became a VTuber.

アメリアはVTuberになってから、ずっとこれをやってみたかった。

Key Topic

a mad at me

「mad」は本来「狂っている」などの意味だけど、特にアメリカ英語の場合「頭にくる」すなわち「キレている」といった意味で使われるよ。

b Don't apologize

「Don't be sorry」でも「謝らないで」という意味だけど、よりフォーマルな場面では「apologize」を使うことで謝意がさらに伝えられるよ。

c Even if

「もしも」という意味を持つifを使った仮定法で、「たとえ〜としても」という意味だよ！

avoid【動詞】避ける／apologize【動詞】謝る／accident【名詞】事故
admit【動詞】認める／blame【動詞】非難する

I really regret <u>**a** snapping back</u> at you back then **1** instead of apologizing. It might be too late, but I want to say sorry.

私、本当に後悔してるの。あなたに謝らずに言い返しちゃったことを。遅すぎるかもしれないけど、謝りたい。

 Don't worry about it. I've already forgiven you. Spending time in this tranquil world **2** calmed me down. I should have enjoyed being here with you with no hard feelings.

気にしないで。もうすでに許してるわよ。この穏やかな世界で過ごして、冷静になったわ。難しい感情抜きで、あなたとここにいることを楽しめばよかった。

 Me, too. All this time, I wanted to talk to you and <u>**b** joke around</u> together.

私もそう。ずっと話しかけたかったし、冗談も言い合いたかった。

 So, let's make up! <u>**c** Let bygones be bygones.</u>

それじゃあ、仲直りしましょ！ 過ぎたことは過ぎたことにして。

 Yeah, thanks. We'll be friends forever!

うん、ありがとう。私たち、永遠に友達だよ！

 Until the day you die.

「あなたの死ぬ日まで」ね。

 Wait, are you proposing to me?

それって、私にプロポーズしてる？

 What are you saying, you kuso tori!

何言ってるのよ。このクソトリ！

 Ha-ha, just kidding! Let's head back inside.

あはは、冗談！ さあ、中に戻ろっか。

 Yeah. They're probably worried about us.

そうね。きっとみんな私たちのこと心配してるわ。

Vocabulary ▶▶ regret【動詞】後悔する／ forgiven【動詞】forgive (許す) の過去分詞
spend【動詞】過ごす、費やす／ tranquil【形容詞】静かな、平穏な

Ah, you're back.
あ、おかえり。

Did you talk it out?
話し合ってきたの？

Yeah, we made up!
ええ。仲直りしたわ！

Grammar Point

1 instead of apologizing.

instead of + 名詞または動名詞（動詞の〜 ing、〜 ed）で「〜の代わりに」という意味になります。

例文 Gura had pizza instead of a hot sandwich.
ぐらはホットサンドの代わりにピザを食べた。

2 calmed me down.

calm downは「落ち着いて」という意味で、直接相手に言う場面で使われます。calm+人（または動物）+ downで「〜を落ち着かせる」という表現になります。

例文 Gura used humor to calm Amelia down during the situation.
ぐらはこの状況の中、ユーモアを使ってアメリアを落ち着かせた。

Key Topic

a snapping back

「snap back」には「するどく言い返す」という意味があるから、日本語でいう「逆ギレ」みたいなニュアンスで使うことができるよ。

b joke around

「冗談」を意味する「joke」に「around」がつくことで、「冗談を飛ばす」「軽口をたたく」などの意味になるよ。

c Let bygones be bygones

「過去のことは水に流そう」という慣用的なフレーズよ。まるっと覚えておいて！

bygones【名詞】過去のこと／propose【動詞】提案する／worry【動詞】心配する

キアラ
And pledged our futures to each other.

そしてお互いの将来を誓いあった。

 伊那尓栖
So, what was the cause?

それで、何が原因だったの？

 カリオペ
It was a … a really ▪a▪ <u>silly</u> little thing. ❶ It's embarrassing to tell you.

ホント馬鹿みたいに些細なことなのよ。言うのが恥ずかしいわ。

 ぐら
I think we have the right to know.

わたしたちには知る権利があると思うよ。

 キアラ
Well, you know how we shared a hotel room the night before the concert? ❷ I ended up talking in my sleep and saying something weird.

えっとね、ライブの前夜、私たち同じ部屋に泊まったでしょ？ 私、寝言をしゃべってて、最終的に変なこと言っちゃったのよ。

 伊那尓栖
Something ▪b▪ <u>weird</u>?

変なことって？

 キアラ
I yelled out the name of a Senpai and said "I love you!" and Calli got jealous, and things got awkward between us.

ある先輩の名前を叫んで、「愛してる！」って。カリはヤキモチ焼いちゃって、それで私たちの間に気まずい状況が。

 アメリア
Wow, that really is a silly little thing.

わお、ホント馬鹿みたいに些細なことじゃん。

 ぐら
Oh... Hey, I love everyone, too.

なーんだ。わたしだってみんなのこと愛してるよ。

 カリオペ
Yeah, I love all the hololive production members, too!

そうね、私もホロライブプロダクションのメンバーみんな愛してるわ。

 伊那尓栖
Huh? I'm getting a little sleepy....

あれ？ ちょっと眠くなってきた……。

 アメリア
Me, too. Hey, isn't this the same as....

私も。ねえ、これってあのときと同じ……。

Vocabulary ▷▷ pledge【動詞】誓う ／ cause【名詞】原因 ／ silly【形容詞】馬鹿な
embarrass【動詞】恥ずかしい思いをさせる、困らせる

Grammar Point

❶ It's embarrassing to tell you.

be embarrass to ～で「～するのが恥ずかしい」「するのが気まずい」という意味になります。何かが他人の目に触れることによって、恥ずかしさや不快感を引き起こす状況や行動を指します。

例文 For Kiara, it is embarrassing to have a stomach growl.
キアラにとって、お腹が鳴るのは恥ずかしい。

Amelia was embarrassed to be seen falling.
アメリアは転んでいるところを見られたのが恥ずかしかった。

❷ I ended up talking in my sleep

end up ～は「最終的に～する／なる」「結局～をする／なる」という意味になります。end upのあとには名詞または名詞形が来るので、ここではtalkはtalkingに変化して「最終的に言った」と訳せます。言動の最後の段階を表すときに使用するイディオムです。

例文 I think Calliope will end up winning this game.
カリオペが結局のところ、このゲームに勝つんだろうね。

Ina'nis ended up going to the movie theater alone.
伊那尔栖は結局、ひとりで映画館に行った。

Key Topic

a silly
日本語の「馬鹿」を表す言葉はたくさんあるけれど、日本語の「お馬鹿」にニュアンスが一番近いのが「silly」なの。「foolish」を使うと、より相手を馬鹿にしている表現になるわ。

b weird
「weird」は「普通と違う」という意味だけど、口語で「変な」「風変わりな」という意味でよく使われているのよ。

yell【動詞】叫ぶ／ jealous【形容詞】妬ましい

 Oh! Wake up, everybody! We're back in our dressing room!
はっ！ みんな起きて！ 楽屋に帰ってきてる！

 Oh, everything was a dream after all. I'm glad we woke up. My sketchbook is gone, though.
やっぱり全部夢だったのね。目が覚めてよかった。スケッチブックはなくなっちゃったけど。

 Wait a moment. The drink I gave you all wasn't for treating fatigue. Its true effect is fixing relationships in a dream world.
あ、ちょっと待って。私がみんなに飲ませたドリンク、疲れを取るやつじゃなかったみたい。本当の効能は「夢の世界で人間関係を修復する」だって。

 Well, [a] I guess it worked.
まあ、それ効いたんじゃない？

 Hey guys, our concert starts soon!
みんな、もうすぐライブが始まっちゃうよ！

 Don't panic. ❶ After that trial, I'm sure we'll be able to [b] put on the best possible performance.
慌てないで。あの試練を経て、私たちならきっと最高のパフォーマンスができるはずよ。

 Ok, let's get on stage! Our fans are waiting for us!
よし、ステージへ上がろう！ ファンのみんなが私たちを待ってるよ！

Grammar Point

① After that trial,

afterには使い方が2種類あり、接続詞として使う場合にはafter＋主語＋動詞、前置詞として使う場合にはafter＋名詞となります。ここではthat trial と名詞が続くため、前置詞として使われ「その試練のあと」という意味になります。

例文 Ina'nis went shopping with Gura after the lunch.
> 伊那尓栖はランチのあとにぐらと買い物に行った。

Kiara went for a walk after the rain.
> キアラは雨が上がったあと、散歩に出かけた。

② we'll **be able to** put on the best possible performance.

be able to ～は「～できる」という意味です。現在形はcan、過去形はcouldに置き換えることができますが、未来形は置き換えできるフレーズがありません。そのためwill be abel to ～のみが「～できるだろう」の表現になります。

例文 Gura will be able to speak more Japanese after taking lessons from Calliope.
> ぐらはカリオペにレッスンを受けたら、もっと日本語を話すことができるようになるだろう。

Will Calliope be able to drink sake?
> カリオペは日本酒を飲むことができるだろうか。

Key Topic

a I guess it worked

workには「労働する」の他に、広く使える「仕事をする」「機能する」「効く」という意味があるの。「いい仕事をするよね」というような使い方でworkを用いるよ。

b put on the best possible performance

put onは「身に着ける」「置く」と言う意味よ。put on clothesは「服を着る」の一般的な言い方。ここでのput onはthe best possible performanceに「身を置く」とイメージするといいよ。

guess【動詞】思う／ possible【形容詞】可能な、～できる

Chapter 16

神話は終わらない

The Myth Will Never End

 伊那尔栖
Thank you, everybody!
みんなありがとう！

 キアラ
That was 'Journey Like a Thousand Years', by hololive English -Myth-.
ホロライブEnglish -Myth-で「Journey Like a Thousand Years ～千年の旅～」でした。

 カリオペ
We finally managed to perform in front of you, all five of us together.
ついにみんなの前で5人揃ってパフォーマンスすることができた。

 ぐら
a Speaking of "journey", should we talk about it?
「旅」と言えば、あれについて話すべきかな？

 アメリア
b I don't mind, but **❶** I don't think anyone is going to believe us.
別にいいけど、誰も私たちのこと信じようとしないだろうね。

 キアラ
Well, it is quite unbelievable.
そう、ホントに信じられないよ。

Vocabulary ▷▷ thousand【形容詞】1000の／ mind【動詞】気にする、気に障る
worship【動詞】崇拝する

The thing is, we've just come back from a small adventure.
実を言うと、私たちちょっとした冒険から帰ってきたところなの。

 Yeah, a "small" adventure.
そう、"ちょっとした"冒険ね。

 We met all kinds of people. There were some who seemed to worship us and some we couldn't even communicate with.
色んな人たちと会ったわ。私たちの信奉者みたいな人も、言葉すら通じない人もいたのよ。

Grammar Point

 1 I don't think **anyone's** going to believe us.

「誰か」に相当する単語としてsomeoneを思い浮かべる人は少なくないでしょう。someoneは特定の誰かを指し示すときに使いますが、それに対してanyoneはあらゆる人、つまり特定の個人をではなく、どんな人をも含めて考えられる場合に使います。

例文 She smiles at anyone.
彼女は誰に対しても笑顔だ。

Has anyone seen Kiara?
誰かキアラを見た？

Key Topic

a **Speaking of**

「〜と言えば」の意味で、会話の中で直前にあがった話題に関連する話をするときに使うフレーズだよ。

b **I don't mind**

mindは「気にする」「気にかける」と言う動詞。それを否定しているのでI don't mindは「気にしてないよ」となるんだ。Don't mind! と相手に言うときは「私はかまわないよ！」という意味で会話によく使われているよ。

communicate【動詞】コミュニケーションする、伝える

And ❶ we were faced with all kinds of difficulties.

そして私たちはあらゆる困難と直面した。

 At first, we thought we could bulldoze our way through those problems. But we couldn't. What we really needed was to talk to one another.

最初はね、それらの問題を強引に突破できると思っていたの。でもできなかった。本当に必要なのは、お互いに話し合うことだったの。

 It was an unexpected ending.

意外な結末だったね。

 a To make a long story short, communication is the key to everything. You guys probably ❷ have no idea what we're talking about… .

簡単に言うと、コミュニケーションが全ての鍵なんだよ。みんな私たちが何言ってるかわからないと思うけど……。

 She's right. You need to communicate your honest feelings, without forgetting the other person's point of view. That was the quickest way to reach a solution.

その通り。相手の立場を忘れずに、素直な気持ちを伝える必要があるの。それが解決に至る一番の近道だった。

 So I hope that all of you here will send us messages too. Comments on our streams, replies to our tweets, **b** so on and so forth.

だから、ここにいるあなたたちみんなも、私たちに言葉を届けてくれると嬉しいな。配信のコメントとか、ツイートへのリプライとかいろいろね。

 Your thoughts won't mean anything unless you express them.

考えていることは、表現しないと何も意味がないからね。

 Our fans in Japan may think that it's difficult to communicate with us. But what's important is your desire to communicate, not your level of vocabulary.

日本のファンのみんなは、私たちとコミュニケーションを取るのは難しいと思っているかもしれない。でも重要なのは語彙のレベルじゃなくて、コミュニケーションを取りたいっていう想いなのよ。

face【動詞】直面する、面と向かう／ bulldoze【動詞】強引に押し通す
unexpected【形容詞】思いがけない

Yeah, the desire is the first thing. Then, if you want to improve your language skills as a next step, you can use our content to learn English!

そうそう、まずは気持ちだよね。その上で、もし次のステップとして語学力を高めたかったら、わたしたちのコンテンツを使って英語を学べるからね！

Grammar Point

1 we were faced with all kinds of difficulties.

be faced with ～は「～に直面する」という意味です。状況だけでなく「～（人）と対面する」という意味でも使います。

例文 The video editing team is faced with a tight deadline.

動画編集チームは厳しい締め切りに直面しています。

2 have no idea

have no idea ～は「わかりません」「見当もつきません」の意味。「I don't know」より口語的な表現です。

例文 Kiara **has no idea** where she left the keys.

キアラは鍵をどこに置いたかわからない。

a To make a long story short

「長い話を短くする」という意味から、「要するに」とか「結局のところ」などの意味で使われているよ。

b so on and so forth

「とか」「などなど」という意味ね。使い勝手がいいから覚えておいて！

honest【形容詞】正直な、素直に／ unless【接続詞】～でない限り
express【動詞】表現する／ improve【動詞】向上する

a I'm rooting for all of you learning English. Of course, all of you learning Japanese, too!

私、英語を勉強しているみんなのこと応援してるから。もちろん、日本語を勉強しているみんなのことも！

If you try to communicate **b** from the bottom of your heart, you can understand each other regardless of race or religion.

もし心の底からコミュニケーションを取ろうと思ったら、人種も宗教も関係なくお互いを理解することができるからね。

c It may sound too idealistic, but ❶ what we need is love and courage. With love and courage, we can change the world. We experienced that ourselves.

理想主義みたいに聞こえるかもしれないけど、必要なのは愛と勇気よ。愛と勇気によって、世界は変えられる。それを私たち自身が経験したの。

But that little journey ends here, because... the staff are sending us messages to get a move on!

でも、そのちょっとした旅はここでおしまい。なぜかと言うと……スタッフさんが進行するように指示を出してるから！

The next song will be our last.

次が最後の曲です。

Aww, I don't want it to end.

ああ、終わってほしくないよ。

But we'll be back for sure. ❷ Believe in us and wait!

でも必ずまた戻ってくるから。私たちを信じて待っててね！

This is "Shiny Smily Story"!

それでは聴いてください。「Shiny Smily Story」！

Vocabulary ▶▶ regardless【副詞】関係なく、構わずに、〜にかかわらず／ race【名詞】人種
religion【名詞】宗教／ idealistic【形容詞】理想的な、理想主義の

Grammar Point

1 what we need is love

what 主語 + need is 〜で「主語に必要なものは〜だ」という意味になります。ここでのwhatは関係代名詞で「〜のこと」と訳せます。needは主語や時制に応じてneedsやneededに変化します。

例文 What Gura needs is a holiday.

ぐらに必要なのは休日だ。

What we need is love from our fans.

私たちに必要なのは、ファンからの愛情だ。

2 Believe in us

believeとbelieve inでは使い方に若干の違いがあります。believeは物事や言動を信じる場合に一般的に使います。一方でbelieve inはbelieveよりも、もっと強い物事を確信しているケースで使います。

例文 The members of hololive English -Myth- believe in that you will become fluent in English.

ホロライブEnglish -Myth-のメンバーたちは、あなたが英語が流暢になると信じている。

Amelia believes in their friendship forever.

アメリアは彼女たちの友情を永遠に信じている。

a I'm rooting for all of you

誰かを応援したり、成功を願ったりするときに使う言葉ね。応援することで、エネルギーやポジティブな気持ちを送れるの。

b from the bottom of your heart

「心の底から」と言う意味で、相手に対する愛や感謝、謝罪、本心からの思いやりを示す言葉だよ！

c It may sound too idealistic

「idealistic」は「理想主義的な」という意味なので、話や提案が現実的ではないときに使うよ。

courage【名詞】勇気、度胸／experience【動詞】経験する

穴埋めトレーニング ④

Lesson 4 で勉強した文法を使って、文の穴埋め問題を解こう。
日本文の意味になるように、（　　　）の中に適する語を入れよう。

➡ 回答は153ページ

1 暑い日に冷たいコーラを飲むことほどいいものは**ない**。

There is (　　　　　　　　) like a cold cola on a hot day.

....

2 **結局**、彼女は正しかった。

(　　　　　) (　　　　　　　) she was right.

....

3 彼女は忙しかった**にも関わらず**、私に手紙を書いてくれた。

(　　　　　) (　　　　　　　) she was busy, she wrote to me.

....

4 彼は見かけは怖いが、**本当は**親切な人だ。

He looks scary, but (　　　　　　　) he's very kind.

....

5 **私の意見**では、将棋のほうがチェスより面白い。

(　　　　　　) my (　　　　　　　),
shogi is more exciting than chess.

....

6 **まずは**コーヒーが飲みたい。

(　　　　　　) of (　　　　　　　　), I want a cup of coffee.

7　母の**代わりに**私が夕食を作った。
I cooked dinner (　　　　　) (　　　　　) my mother.

8　先生に叱られて**恥ずかしかった**。
I was (　　　　　) (　　　　　) be scolded by the teacher.

9　彼女は東京で働くことが**できる**だろう。
She will be (　　　　　) (　　　　　) work in Tokyo.

10　私たちはとてつもない仕事量に**直面した**。
We were (　　　　　) (　　　　　) a tremendous workload.

11　私はその小説がどういう結末になるのか**見当もつかない**。
I have (　　　　　) (　　　　　) how the novel is going to end.

12　私に**必要なの**は考える時間だ。
(　　　　　) I (　　　　　) is time to think.

13　私は運命を**信じている**。
I (　　　　　) (　　　　　) destiny.

＼ おさらい英単語 ／
推理 に関わる英単語

fact
(発音)fǽkt
【名】事実、真実

sleuth
(発音) slúːθ
【名】探偵、刑事
【動詞】調べる、探偵する

unravel
(発音) ʌnrǽvəl
【動】①解明する　②ほぐす、解く

hypothesis
(発音) haipáθəsis
【名】仮説、仮定

clue
(発音) klúː
【名】手がかり

elementary
(発音) èləméntəri
【形容詞】初歩的な、基本の

detective
(発音) diˈtɛktív
【名】探偵、刑事

notice
(発音) nóutis
【動】気づく、見つける
【名】通知書、告知書

situation
(発音) sitʃuéiʃən
【名】状況

record
(発音) rikɔ́ːrd
【名】記録、履歴
【動】記録する、収録する

mystery
(発音) místəri
【動】①神秘的なこと、不可思議　②謎、不可解
　　③ (小説や映画などの) 推理物

liar
(発音) láiər
【名】嘘つき、嘘をつく人

穴埋めトレーニング答え合わせ

穴埋めトレーニング ① (P52_53)

1 She should have at least said thank you.
2 I am going to see a movie with my friends tomorrow.
3 What time does the bus leave?
4 I am satisfied with lunch at this restaurant.
5 Coffee is supposed to be bitter.
6 She was scared to be alone in the dark.
7 I might need to go to hospital.
8 I'm getting a headache.
9 It's too early to talk about next concert.
10 Do you think she can take this in stride?
11 I am ready for the fight.
12 What if she gets lost?
13 The sign says "Cash only."

穴埋めトレーニング ② (P80_81)

1 I decided which one to buy.
2 Those clothes make you look younger.
3 This problem would be too difficult for her.
4 As my mother had said, I was lost.
5 I can't help but be saddened by that accident.
6 We played online games until the morning.
7 How can you say such terrible things?
8 Don't leave me behind.
9 I cannot read, let alone write English.
10 She must be lying.
11 I neither agree nor disagree on the issue.
12 No one knows what the future holds.
13 Could you say that again, please?

穴埋めトレーニング ③ (P118_119)

1 I haven't talked to my mother since we had a fight yesterday.
2 I wonder what she is doing.
3 There are similarities between their works.
4 Who is going to walk the dog today?
5 This water smells weird.
6 He tends to trust others too much.
7 She is being very kind today.
8 I didn't sleep enough.
9 This painting was modeled after his father's work.
10 I should have talked it out with her.
11 Be careful not to oversleep.
12 It has been getting hotter and hotter.
13 I was heading to a friend's house.

穴埋めトレーニング ④ (P150_151)

1 There is nothing like a cold cola on a hot day
2 Turns out she was right.
3 Even though she was busy, she wrote to me.
4 He looks scary, but actually he's very kind.
5 In my opinion, shogi is more exciting than chess.
6 First of all, I want a cup of coffee.
7 I cooked dinner instead of my mother.
8 I was embarrassed to be scolded by the teacher.
9 She will be able to work in Tokyo.
10 We were faced with a tremendous workload.
11 I have no idea how the novel is going to end.
12 What I need is time to think.
13 I believe in destiny.

MUSIC LIST

2020 ～ 2023年までにホロライブEnglish -Myth- が発表した
楽曲のリストを一挙掲載！
歌詞を見ながら音楽を聴いたり、自分で翻訳してフレーズを覚えたり。
彼女たちの音楽で楽しく英語を勉強してみよう！

失礼しますが、RIP♡ / Mori Calliope
作詞┊Mori Calliope 　　　　作曲┊K's
編曲┊K's 　　　　　　　　　リリース┊2020/10/17

Reaperか Rapper? 自己紹介ラップ / Mori Calliope
作詞┊Mori Calliope 　　　　作曲┊Mori Calliope & K's
編曲┊Mori Calliope & K's 　　リリース┊2020/10/17

DEAD BEATS / Mori Calliope
作詞┊Mori Calliope 　　　　作曲┊Mori Calliope & K's
編曲┊Mori Calliope & K's 　　リリース┊2020/10/17

Live Again / Mori Calliope
作詞┊Mori Calliope 　　　　作曲┊Mori Calliope & K's
編曲┊Mori Calliope & K's 　　リリース┊2020/10/17

Cursed Night / Mori Calliope
作詞┊Mori Calliope 　　　　作曲┊Mori Calliope & K's
編曲┊Mori Calliope & K's 　　リリース┊2020/11/2

HINOTORI / 小鳥遊キアラ
作詞┊真野綾 　　　　　　　作曲┊五条下位
編曲┊五条下位 　　　　　　　リリース┊2020/11/27

Off With Their Heads / Mori Calliope
作詞┊Mori Calliope 　　　　作曲┊AO
編曲┊AO 　　　　　　　　　リリース┊2021/2/1

Heart Challenger / 小鳥遊キアラ
作詞┊真野綾 　　　　　　　作曲┊五条下位
編曲┊五条下位 　　　　　　　リリース┊2021/2/14

The Grim Reaper is a Live-Streamer / Mori Calliope
作詞┊Mori Calliope, てにをは 作曲┊てにをは
編曲┊てにをは リリース┊2021/4/4

Red / Mori Calliope
作詞┊Mori Calliope 作曲┊てにをは
編曲┊てにをは リリース┊2021/4/4

guh / Mori Calliope
作詞┊Mori Calliope 作曲┊てにをは
編曲┊てにをは リリース┊2021/4/4

いじめっ子Bully / Mori Calliope
作詞┊Mori Calliope, てにをは 作曲┊てにをは
編曲┊てにをは リリース┊2021/4/4

spiral tones / 律可　Mori Calliope
作詞┊律可, Mori Calliope 作曲┊律可, Mori Calliope
編曲┊宮田'レフティ'リョウ リリース┊2021/5/10

REFLECT / Gawr Gura
作詞┊Gawr Gura, Neko Hacker 作曲┊Farhan Sarasin
リリース┊2021/6/22

SPARKS / 小鳥遊キアラ
作詞┊KIRA 作曲┊KIRA
編曲┊KIRA リリース┊2021/7/7

VIOLET / 一伊那尔栖
作詞┊LUMINA 作曲┊seibin
編曲┊seibin リリース┊2021/8/6

浸食!! 地球全域全おーしゃん /
UMISEA（湊あくあ・宝鐘マリン・Ninomae Ina'nis・Gawr Gura）
作詞┊かめりあ 作曲┊かめりあ
編曲┊かめりあ リリース┊2021/9/19

end of a life / Mori Calliope
作詞┊Mori Calliope 作曲┊Pretty Patterns
編曲┊Pretty Patterns リリース┊2021/10/1

Yona Yona Journey / TAKU INOUE & Mori Calliope
作詞┊TAKU INOUE, Mori Calliope 作曲┊TAKU INOUE
編曲┊TAKU INOUE リリース┊2021/12/22

Graveyard Shift ft. BOOGEY VOXX / Mori Calliope
作詞┊Mori Calliope, BOOGEY VOXX　作曲┊The Herb Shop
編曲┊The Herb Shop　　　　　　　リリース┊2021/12/10

Dawn Blue / Mori Calliope
作詞┊Mori Calliope, ボンジュール鈴木　作曲┊高橋浩一
編曲┊鈴木Daichi秀行　　　　　　　リリース┊2021/12/29

Journey Like a Thousand Years 〜千年の旅〜 /
Mori Calliope, Takanashi Kiara, Ninomae Ina'nis, Gawr Gura, Watson Amelia
作詞┊Mori Calliope　　　　　作曲┊Farhan Sarasin
編曲┊Farhan Sarasin　　　　　リリース┊2022/1/14

Q / Mori Calliope, Gawr Gura
作詞┊DECO*27, Mori Calliope　作曲┊DECO*27
編曲┊Rockwell　　　　　　　　リリース┊2022/2/5

UnAlive / Mori Calliope
作詞┊Mori Calliope, Elliot Hsu　作曲┊Elliot Hsu
編曲┊Elliot Hsu　　　　　　　リリース┊2022/3/20

Dead On Arrival / Mori Calliope
作詞┊かめりあ, Mori Calliope　作曲┊かめりあ
編曲┊かめりあ　　　　　　　リリース┊2022/3/20

Lose-Lose Days / Mori Calliope
作詞┊Mori Calliope　　　　作曲┊seibin（ESTIMATE）
編曲┊seibin（ESTIMATE）　リリース┊2022/3/20

HUGE W / Mori Calliope
作詞┊かめりあ, Mori Calliope　作曲┊かめりあ
編曲┊かめりあ　　　　　　　リリース┊2022/3/20

Resting Power / Mori Calliope
作詞┊Mori Calliope　　　作曲┊Pretty Patterns
編曲┊Pretty Patterns　　リリース┊2022/3/20

Scuffed Up Age / Mori Calliope
作詞┊かめりあ, Mori Calliope　作曲┊かめりあ
編曲┊かめりあ　　　　　　　リリース┊2022/3/20

Ouroboros / Mori Calliope
作詞┊Mori Calliope, Elliot Hsu　作曲┊Elliot Hsu
編曲┊Elliot Hsu　　　　　　　リリース┊2022/3/20

CapSule／Mori Calliope×星街すいせい★
作詞╎DECO*27, Mori Calliope 作曲╎DECO*27
編曲╎Naoki Itai リリース╎2022/4/4

Fever Night／Takanasi Kiara
作詞╎PINKII 作曲╎Astrophysics
編曲╎Astrophysics リリース╎2022/5/29

MERA MERA／Mori Calliope★
作詞╎Mori Calliope, JUN 作曲╎Giga
リリース╎2022/5/17

Holy嫉妬／Mori Calliope★
作詞╎Mori Calliope, Ryosuke "Dr.R" Sakai
作曲╎Mori Calliope, Ryosuke "Dr.R" Sakai リリース╎2022/6/27

Kamouflage／Mori Calliope★
作詞╎Mori Calliope, JUN
作曲╎Dan Tudor-Price, Jan Andersson, Peter Heden, Ida Pihlgren
編曲╎Dan Tudor-Price リリース╎2022/7/20

Make ' Em Afraid／Mori Calliope★
作詞╎Mori Calliope
作曲╎Nicklas Eklund, Sebastian Swahn, Ida Pihlgren
編曲╎Nicklas Eklund リリース╎2022/7/20

Let' s End the World／Mori Calliope★
作詞╎Mori Calliope 作曲╎Giga & TeddyLoid
リリース╎2022/7/20

りゅ──っときてきゅ──っ!!!／
湊あくあ・宝鐘マリン・沙花叉クロヱ・Ninomae Ina'nis・Gawr Gura
作詞╎かめりあ 作曲╎かめりあ
編曲╎かめりあ リリース╎2022/8/29

DO U／Takanashi Kiara
作詞╎KIRA, monii 作曲╎KIRA, monii, Johnny
編曲╎KIRA, monii, Johnny リリース╎2022/9/19

Reaper vs. Sheep -Kenko ver.-／角巻わため, Mori Calliope
作詞╎Mori Calliope, Neko Hacker 作曲╎Neko Hacker
編曲╎Neko Hacker リリース╎2022/9/24

Reaper vs. Sheep -Ouen ver.-／角巻わため, Mori Calliope
作詞╎Mori Calliope, Neko Hacker 作曲╎Neko Hacker
編曲╎Mori Calliope, Neko Hacker リリース╎2022/9/24

Non-Fiction /
Mori Calliope, Takanashi Kiara, Ninomae Ina'nis,
Gawr Gura, Watson Amelia

作詞 ¦ Mori Calliope, Elliot Hsu   作曲 ¦ Elliot Hsu
編曲 ¦ Elliot Hsu   リリース ¦ 2022/10/1

綺羅キラー（feat. Mori Calliope）/ ずっと真夜中でいいのに。
作詞 ¦ ACAね, Mori Calliope   作曲 ¦ ACAね
編曲 ¦ 100回嘔吐・ZTMY   リリース ¦ 2022/12/15

I'm Greedy / Mori Calliope★
作詞 ¦ JP THE WAVY, Mori Calliope   作曲 ¦ ineedmorebux, Nvmbrr
リリース ¦ 2022/10/31

NEZUMI Scheme / Mori Calliope★
作詞 ¦ TOPHAMHAT-KYO (FAKE TYPE.), Mori Calliope
作曲 ¦ FAKE TYPE.   編曲 ¦ DYES IWASAKI (FAKE TYPE.)
リリース ¦ 2022/11/21

Taste of Death / Mori Calliope★
作詞 ¦ Mori Calliope, KIRA   作曲 ¦ KIRA
編曲 ¦ KIRA   リリース ¦ 2022/12/16

Wanted, Wasted / Mori Calliope★
作詞 ¦ Takuya Yamanaka（THE ORAL CIGARETTES）, Yuki Tsujimura,
Mori Calliope
作曲 ¦ Takuya Yamanaka（THE ORAL CIGARETTES）, Yuki Tsujimura
編曲 ¦ Takuya Yamanaka（THE ORAL CIGARETTES）, Yuki Tsujimura
リリース ¦ 2022/12/16

Internet Brain Rot / Mori Calliope★
作詞 ¦ Mori Calliope
作曲 ¦ Nicklas Eklund, Molly Rosenstrom Nasman
編曲 ¦ Nicklas Eklund   リリース ¦ 2022/12/16

soul food / Mori Calliope★
作詞 ¦ Mori Calliope   作曲 ¦ Kenichi Sakamuro, Ida Pihlgren
編曲 ¦ Kenichi Sakamuro   リリース ¦ 2022/12/16

CRINGECORE / Mori Calliope★
作詞 ¦ Mori Calliope
作曲 ¦ Albin Nordqvist, Louise Frick Sveen   リリース ¦ 2022/12/16

Dance Past Midnight feat. AmaLee / Mori Calliope★
作詞 ¦ Mori Calliope, AmaLee
作曲 ¦ Nicklas Eklund, Jordyn Kane Shankle
編曲 ¦ Nicklas Eklund   リリース ¦ 2022/12/16

Death Sentence / Mori Calliope★
作詞┆Mori Calliope 作曲┆umru, DJH
編曲┆umru, DJH リリース┆2022/12/16

glass slipper / Mori Calliope★
作詞┆Mori Calliope 作曲┆Patterns
編曲┆Patterns リリース┆2022/12/16

ChikuTaku / Watson Amelia
作詞┆Watson Amelia, WUNDER RiKU 作曲┆WUNDER RiKU
編曲┆WUNDER RiKU リリース┆2023/1/19

Sweet Appetite / Gawr Gura・Hakos Baelz
作詞┆DECO*27 作曲┆DECO*27
編曲┆TAKU INOUE リリース┆2023/1/14

Shiny Smily Story / hololive IDOL PROJECT
作詞┆金丸佳史 作曲┆中野領太
編曲┆中野 領 リリース┆2019/9/16

キラメキライダー☆ / hololive IDOL PROJECT
作詞┆辻 純更 作曲┆石濱 翔
編曲┆石濱 翔 リリース┆2020/2/24

夢見る空へ / hololive IDOL PROJECT
作詞┆永塚健登 作曲┆永塚健登
編曲┆永塚健登 リリース┆2020/2/17

Prism Melody / hololive IDOL PROJECT
作詞┆5u5h1 作曲┆5u5h1
編曲┆5u5h1 リリース┆2022/3/13

Our Bright Parade / hololive IDOL PROJECT
作詞┆堀江昌太 作曲┆堀江昌太
編曲┆堀江昌太 リリース┆2023/3/9

YouTubeでも聞ける楽曲の
一部を紹介しているわ。
どの歌も音楽も最高よ。
ぜひ、聴いてみてね。

★…販売元：UNIVERSAL MUSIC LLC.

ホロリスニング

ホロライブEnglish -Myth-と学ぶ 不思議な世界の英会話！

2023年10月5日　初版発行
2024年11月6日　第3刷発行

著	塗田一帆	挿絵イラスト	ぱんじゃむのなめ
監修	カバー株式会社	英語翻訳	砂崎 良
カバーイラスト	なもり	英語校閲協力	鴨志田恵
カバーデザイン	宮下裕一（imagecabinet）		株式会社トランネット（www.trannet.co.jp）
企画・編集	前田絵莉香		ブレインウッズ株式会社
	東 亮太	音声編集	永田裕之
編集協力	川島彩生、渡辺有祐（フィグインク）	校正	Imani Frances
本文デザイン	宮川柚希（スタジオダンク）		岡部充宏
	山本史子、土井翔史（ダイアートプランニング）		東京出版サービスセンター
DTP	山田素子（スタジオダンク）		
	丸橋一岳（デザインオフィス・レドンド）		

発行人　　野内雅宏

編集人　　藤原遼太郎

発行所　　〒160-0022
　　　　　東京都新宿区新宿3-1-13　京王新宿追分ビル5F
　　　　　編集部：03-5312-6132　/　販売部：03-5312-6150

発売元：株式会社講談社（講談社・一迅社）

印刷・製本　　大日本印刷株式会社

※書籍とCDで一部表現が異なる部分がございます。